MINERVA福祉ブックス
3

社会福祉の思想 入門

なぜ「人」を助けるのか

秋山智久

[著]

SOCIAL WELFARE

ミネルヴァ書房

はしがき──さまよう道とたどり着いた所

　なぜ人間は「赤の他人」を助けるのであろうか，しかも生物の中で人間だけが。

　この問いは，まさに社会福祉の「原点」である。社会福祉は，いわば「公のおせっかい」である。税金を使って「人」を助けようとする。⁽¹⁾

　この「助ける」ことの根拠は何であろうか。他の動物とは違う「理性」（知性）によるものだということは解る。しかし，それを生み出したものは何なのか。人間の進化の過程における「脳」の発達だということも想像がつく。しかし，その「脳」はなぜ，どのように発達したのであろうか，疑問は次々と続く。

　「脳」が活性化して，「共感」を生み出すのは，脳内物質の働きである。そうすると，人間の精神や意識の根源は「物」と「心」のどちらに在るかという，以前に盛んに行われた唯物論と唯心論との論争の結論は，唯物論に落ち着いてしまうのだろうか。その場合，「人」が「辛そう，悲しそう」と思う人間の精神性（心）はどこから生じるのか。古来の伝統的二元論（体と心，肉体と精神）は，どう考えたらいいのであろうか。またまた，疑問は続く。

　そもそも「人」を助けるということが，「人間の本性」にはあるのか，「人間の本性」は遺伝で備わっているのか，それとも後からの「経験」によって，善にも悪にも色づいていく「白い板」（タブラ・ラサ）なのか。人間が作られるのは，遺伝か環境か，生まれか育ちか。しかし，同じ遺伝子，同じ環境に育っても，優しい人と冷たい人の個人差が生じるのはなぜなのか。

　こうした「助けたい」という個人的な感情が，そこにとどまらず「思想」となり「制度」となって，今日の社会福祉制度となるのには，何が必要だったのか。そして，その道筋を妨げる「差別」をどう考えたのか。いろいろな困難（人間の進化，遺伝，環境，差別）を乗り越えて，「人」を助けることが，この社

i

会福祉制度となったのである。本書を読むことは，社会福祉の「原点」を探す旅に出ることになる。

　そのたどり着く先の一つが，私たちの内心を問いただし，それを明確に人間観や思想とし，さらにそれを行動に結びつけていくための「社会福祉哲学」である。思想や哲学は闘うのである――人間の尊厳を妨げるものに対して，とくに貧困・差別・暴力・戦争に向かって。

　本書を執筆するにあたり，一貫してその理論の道を照らしてくださった恩師・嶋田啓一郎先生と，社会福祉哲学を実践の中で示してくださった阿部志郎先生がいてくださった。そして，諸領域の学問の先行の研究者，考えのヒントをくれた社会福祉の学友や院生・学生がいてくれた。

　また出版に関してはミネルヴァ書房編集部の北坂恭子氏に大変にお世話になった。

　これらの方々に，心からの感謝を申し上げたい。

注
(1) ここでまず本書の中の表記として，人が「人」を助けるという書き方を説明しておく。カッコのない，人，は「支援」する側（行政・市民・ボランティア，ソーシャルワーカー，ケアワーカーなど）を指し，カッコのある「人」は「支援」される側を指す。多くは，福祉サービスの利用者である（支援，援助などの概念は第3章第1節）。
　　この場合，主体と客体が明確に二分されていいのかという疑問も湧く。これは「当事者」とは誰なのか，という課題にたどり着く。この点に関しては，本書の「共生への漸近線」（第10章第1節）などで論ずることとする。

2015年夏の終わり　今も懐かしい恩師・嶋田啓一郎先生を偲んで

秋山　智久

目　次

はしがき──さまよう道とたどり着いた所

第Ⅰ部　なぜ「人」を助けるのか

第1章　助ける必要はないという思想 …………………… 3
  1　その必要はない──社会進化論の叫び　*3*
  2　なぜ人間だけが，他者を助けるのか　*6*

第2章　人間の本性 …………………………………………… *17*
  1　善か悪か　*17*
  2　遺伝か環境か　*21*
  3　利他主義と利己主義　*23*
  4　互恵的利他行動　*26*
  5　絶対的利他主義　*27*

第3章　助けることの思想と制度化 ………………………… *33*
  1　助けるとは何か──支援の概念　*33*
  2　助ける必要がある理由──援助の思想　*35*
  3　助けることを妨げるもの──差別　*41*
  4　助けることの制度化──実現の手段　*45*

第Ⅱ部　援助するために必要なもの

第4章　ソーシャルワーカーに求められるもの……55
1　ソーシャルワーカーに必要な要素　55
2　社会福祉と価値　57
3　ソーシャルワーカーの価値観を育てるもの——感性と共感　60
4　社会福祉実践と愛　63
5　宗教における愛　69
6　なぜ大学で「価値」が教えられないのか　78

第5章　社会福祉と宗教……83
1　社会福祉と宗教の関係　83
2　近代的社会福祉と国家　86
3　日本の政治と宗教および社会福祉　88
4　宗教多元主義における社会福祉の位置と内容　91

第Ⅲ部　社会福祉とは何か

第6章　社会福祉の目的……105
1　社会福祉の目的／社会福祉実践の目的　105
2　社会福祉の理念と幸福　110
3　基盤としての平和　115

第7章　社会福祉実践の原理と原則……119
1　社会福祉実践方法の原理の性格　119
2　人間行動の法則性と行動予測不可能性　126

第8章　人間の苦悩と人生の意味 …………………………… 135
1　苦悩とは何か　*135*
2　人間の幸福と不幸　*140*
3　人生は無意味なのか　*143*
4　苦悩に意味はあるのか　*150*
5　超意味（究極の意味）　*154*

第9章　社会福祉哲学の必要性と独自性 …………………… 163
1　社会福祉哲学の必要性　*163*
2　社会福祉哲学の独自性　*168*
3　社会福祉哲学の構造　*171*
4　社会福祉哲学の重要理念　*173*

第10章　望ましい社会福祉実践を目指して ……………… 179
1　共生への漸近線　*179*
2　望ましい五つの実践　*181*
3　立ち尽くす実践　*187*

初出一覧　*191*
参考文献　*193*
あとがき――「助ける」ことができるのか　*207*
人名索引　*211*
事項索引　*213*

第Ⅰ部
なぜ「人」を助けるのか

第1章

助ける必要はないという思想

1 その必要はない──社会進化論の叫び

　人間が餓死しようとしている。働けない老人や身体障害者がいる。幼い子どもが苦しんでいる。それらの人々をどうするのか。「放っておいていい」という思想があった。社会進化論である。

生物進化論
　社会進化論の基となったのが，ダーウィン（Darwin, C. R.）の生物進化論であった。イギリスの軍艦ビーグル号に乗船した時のガラパゴス島での発見がその原点となった。その理論には「生物進化」と「適者生存」という二大結論があった。その内の「適者生存」は，弱肉強食，優勝劣敗，自然淘汰として，生物界の真理として理解されてきた。それが自然の法則である。その姿は食物連鎖にも現れている。
　この「生物進化論」は当然，当時の支配的な思想であったキリスト教の「天地創造説」（The Creation）と対立する。神（ヤーウェ）がこの天地と生物を創造したという「旧約聖書」第1章「創世記」の教えに反するものである。圧倒的な支配力を持っていたカトリックのローマ教皇に反対して弾圧・転向させられた自然科学者は，ガリレオ（Galilei, G.），コペルニクス（Copernicus, N.）など枚挙にいとまがない。
　アメリカ合衆国（以下，アメリカ）では，1968年の連邦最高裁判所判決までは，

各州は進化論を学校教育で全面的に禁止することができるという反進化論の教育が現場で実施されていた。

1968年、連邦最高裁判所はアーカンソー州の公立学校における進化論教育を禁止した法律に対する裁判（エパーソン対アーカンソー州事件）において、「聖書に一致しない」という理由で進化論教育を禁止することは、合衆国憲法修正第1条（表現と信教の自由）に違反するという判決を出した。

しかし現代でも、アメリカ南部の保守的なキリスト教主義の私立学校では、生物進化論を教えることを禁じている。

この1968年の裁判によって進化論を教えることを禁ずる法律は違憲とされたわけであるが、その後もアメリカの保守化の流れによって、1981年にアーカンソー州とルイジアナ州では、再びファンダメンタリスト（宗教原理主義者）は反進化論法と呼べる法律を成立させることに成功した。これは公立学校教育において進化論と創造科学を同じ授業時間数で教えることを定めた法律である。この創造科学というのは、先述した1968年の判決を受けて創造論者が生み出した、創造論を科学的に説明しようとする主張である。一見、科学理論のようにみえるが、実際にはすべての発端を神の御業によるものとするため、検証することができないとする学説である。しかしファンダメンタリストはこれを科学理論として進化論と同じ扱いをするよう求めたのである。

1982年、オヴァートン判事によって科学ではないと否定されたこの創造科学は、その後もその主張の一部を変更し、現在はインテリジェントデザイン論（知的デザイン論）と表現を変えている。これは、生物は偶然によって創造されたとするには余りに複雑すぎるので、創造に何らかの高度な知性が働いたに違いないと考えるのが適切であり、つまりは世界を創造したのは（神だとはせず）、何かの知的な存在（デザイナー）だとする説である。

こうした背景を基に、「アメリカでは聖書の創世記を信じている人が76パーセント……ダーウィンの進化理論が地球上の人間の起源をもっともよく説明すると考えている人は15パーセントしかない」のである。

当然、ダーウィンも英国国教会に対する恐れがあり、この進化論を公表す

るのを控えようとする思いはあった。それゆえ，彼はガラパゴス島で発見した自然の法則を出版することを，その後，二十数年間も我慢しなければならなかった。ダーウィンはやっと，『種の起源（On the Origin of Species）』（1859年），『人類の由来』（1871年）で，この理論を公表したのであった。

社会進化論

この生物進化論を人間社会にも適用する思想として「社会進化倫」として発展させた代表の一人がスペンサー（Spencer, H.）であった。人間も生物の一員，自然界の一員である以上，人間にもその法則は当てはまるべきであるという考え方である。彼は「あらゆる事象を単純なものから複雑なものへの進化・発展として捉える」（『広辞苑（第5版）』1998年）という思考方法をとった。彼の思想は明治前半の日本に大きな影響を与えた。

この考えをもっとも歓迎したのは，当然，豊かな人々や権力者であった。多くの弱い人々を搾取・抑圧してきた自らの行動が，自然の真理として正しいことであると保証されたからである。その代表は石油王として米国最大の財団を作り上げ，22兆円とも言われる史上最高の個人的資産（現代の富豪，マイクロソフトのビル・ゲイツ（Gates, B.）でも9兆5000億円である：『朝日新聞』2015年12月5日）を所有したロックフェラー一世（Rockefeller, J. D.）であった。彼はいう。「大きなバラが咲き誇るためには，小さな小枝や蕾は取り払われる必要がある」。

このような思想は，それ以前にも歴史上で，いろいろな他の理由や差別を伴って「社会的弱者」の救済を阻んできた。『人口の原理』（岩波書店，1935年）を書いたマルサス（Malthus, T. R.）は絶叫する。食物は算術的にしか増えないが，人口は幾何級数的に増大する。やがて健康で労働力をもった人間も食べられなくなる。だから「貧乏のとめどない回生をやめること，……事の性質上とうていできないことはやめた方がいい，そんな無益なことをやっていると，可能なこともできず，有益なことをやらないという結果になる」(4)と。アフリカの数人の女性「ミトコンドリア・イヴ」から発生・増加し続けた人口は，2020年，世界人口78億人に達し，今も1年に1億人ずつ増加し（何と1秒に3人誕生），21

世紀半ばには100億人に達すると予測されている。

2　なぜ人間だけが，他者を助けるのか

人間だけが他者を助けることができる

　弱肉強食という自然界の法則を，自然界の一員である人間が破ることができるのか。つまり，赤の他人を助けることができるのか。その答えは結論的に言えば，人間と動物とは違うから，（利他主義の行為を）できるのである。

　では人間と動物の相違点は何であるのか。進化生物学者アレクザンダー（Alexander, R. D.）は，その違いは30点にも及ぶといっている。(5)しかし，その違いの主なものを挙げてみるならば，次のような六点を考えることができる。

　①　言葉（文字）の使用

　イギリスのゴリラ・マイケルは手話で500語の会話ができたという。また現在もアメリカ・カリフォルニアで生きているゴリラのココ（1971年生まれ）は手話1000語を使い，英単語2000語以上を理解することができるという。その単語は，単なる食物に関するものだけでなく，「死」「神」などの抽象的なことがらも表現できたという。しかし，動物のコミュニケーション，それは音声・身振りであって，文字ではない。日本の代表的言語学者西江雅之によると，人間には4,000〜8,000の言語があるという。(6)

　②　二足歩行

　440万年前，森から草原に出た猿人が獲得した歩き方であった。このことにより，前足（手）の使用が可能となった。

　③　道具の使用

　チンパンジーも，ラッコも単純な道具を使用するが，人間は道具を製作し，複雑な道具を使用する。

　④　火の使用

　ボストン大学やトロント大学の国際研究チームは，南アフリカ北部のワンダーワーク洞窟で100万年前にヒトが火を使用した有力な証拠を確認した，とア

メリカ科学アカデミー紀要電子版に発表した。

⑤　微笑み

猿や馬の笑いと異なり，人間のみが微笑む。「微笑みによってその人の利他性が相手に伝わる」(7)。

仏教の一切経に，「無財の七施」の教えがある。無財，つまり金が無くてもできる施しには次のようなものがある。2600年前にインドで説かれた教えではあるが，これは社会福祉の実践にも通じることである。

1. 眼施(げんせ)…温かい微笑みで接する。
2. 和顔悦色施(わげんえつじきせ)（顔施）…明るい笑顔，優しい顔つきで人に接する。
3. 言辞施(ごんじせ)（言施）…優しい言葉をかける。韓国のことわざは言う，「送る言葉が美しいと，帰る言葉も美しい」。
4. 身施(しんせ)…身体を使って人のために働く。健全な身体は，不自由な人のために使うためにある。
5. 心施(しんせ)…「ありがとう」「すみません」などの感謝の言葉を述べる。
6. 牀座施(しょうざせ)…場所や席を譲り合う。
7. 房舎施(ぼうじゃせ)…訪ねてくる人があれば一宿一飯の施しを与える。

［2，3の元の語に簡単な略語（　）を付けたのは筆者］。

⑥　理性（reason）

そして，人が「人」を助けることができる，動物との最大の違いがこれである。しかし，その理性とは何か。ギリシャ哲学のストア派では，人間の独自性は「理性」（reason, 独　Vernunft）にあるとした。

その特徴は次のようなものである。①概念的思考の能力。古来，人間と動物とを区別するものとされた，②真偽・善悪を識別する能力，③ロゴスとしての言語能力（『広辞苑（第5版）』1998年）。

しかし，人間の本性は，「善悪」を識別しても，それを実行することができるのであろうか。俗に言う「論語読みの論語知らず」にはならないのであろうか。たとえば突然に大雨が降り，下車駅にコンビニもないとき，乗客が居ない電車に置き忘れられたビニール傘を持ち帰らないか，道で拾った100円を交番

に届け出るか，身近なことで良心が試されているともいえる。この人間の本性に関しては，後述する（本書第2章第1節）。

人間が他者を助ける理由

なぜ人間だけが，「人」つまり，社会的に弱い者を助けるのか，なぜ貧困者を公費（税金）で救済しなければならないのか，非行などの問題を抱える「人」を助けなければならないのか，しかも「赤の他人」を。しかも，全く「労働」ができず，一見「役に立たない」ように見える人をなぜ助けるのであろうか（ただし，筆者は，ある重症心身障害児施設の創設から関わっていて，全く「何もできない」とは思っていない）。

しかし，世の中では，重症心身障害児施設，国立児童自立支援施設などの施設運営費（入所者一人当たり）が年数百万円，また，1000万円以上という額を聞く時，驚いて「もったいない」と思う人も多いのではあるまいか。

人間でも，家族愛や親族愛によって，相互扶助を行う。「身内びいきの利他行動」と呼ばれるものである。しかし，「赤の他人」をなぜ助けるのか。

授業で学生に「なぜ『人』を助けるのか」を問うと，**資料1-1**のような答えが返ってきた。

なぜ人間だけが「赤の他人」を助けるのかの答えは，「理性」（知性）があるからであった。しかし，この理性はどのように人間で発達したのであろうか。また，他の動物には利他的行動は無いのであろうか。

動物は利他的行動をするか

トリヴァース（Trivers, R. L.）は，「利他的」行動の合理的な理由として三つの説明，血縁性，見返り・互恵性，寄生を挙げた。しかし，「利己性」の形成という観点からいって真に合理的なのは血縁性のみであるという。

「なぜ助けるか」と問われた時に，助けた方が得をする，世間の目がある，罪意識から逃れられる，心が安らぐ，といった，結局は自分の利益（利己愛）にたどり着くことが多い。

第 1 章　助ける必要はないという思想

資料 1-1　なぜ「人」を助けるのか

```
回答
　1　［本性］
・人間として生まれてきたから助け合う
・助けたくなる（人間の性質）
・支え合うのが人間（社会連帯）
・放っておけない
・他人事ではない
・止むに止まれぬ想い
・「私は自分のためだけには生きられない」
　2　［同情］
・おもいやり
・可哀そう
・人情（放っておけない）
・その人の家族のことを考える
・感謝されるとうれしい
　3　［期待］
・人間は変わる（非行などの場合）
・社会への反抗が少なくなる（社会防衛）
・早く治した方が安くつく（社会防衛）
　4　［教育, しつけ］
・助けるように教えられたから
・逆に, 差別は学習される
　5　［見返り］
・何もしないと後味が悪い（自己満足）
・見捨てられない, 差別につながる
・いつか自分が助けられることがある――「情けは人のためならず」
　6　［世間体］
・周囲の目を気にする
・冷たい人と思われたくない
```

　この見返りがある行動をダーウィンは「卑しい動機」といった。
　動物の利他的行動を次の諸点から考察してみる。
① 　クロポトキンの「相互扶助論」
　動物は「お互いに助け合う」ことがあるのだということを実証的に裏付けたのが, ロシアの思想家クロポトキン（Kropotkin, P. A.）の『相互扶助論』（1902年）[8]である。下等動物でも助け合う（共生など）が, 人間は理性から助け合うことが動物と違う。しかし, 自分の種族や家族を助けるのであれば象でも助け合う。しかし, 種族が異なり, 見知らぬ人, 全く他人の人も助けることができ

るのが人間である。

　しかし，ここに「助ける」ように見えて，実は傷つけている姿がある。自分のために他を「助けるふり」である。

　　「ある時，クロポトキンはこの『相互扶助』を考えながら砂浜を散歩していた。すると傷ついたカニがよたよたと歩いていた。腕がいくつかとれている。すると，一匹の元気なカニが岩陰から出てきてその傷ついたカニを担いで岩陰に連れてってやろうとした。クロポトキンは喜んだ。カニのような下等な動物でさえもお互いに助け合おうとしている。相互扶助しようとしている。ましてや人間をや」。

ところが日本で同じ「実験」を行った人が全く違った事実を見てしまった。

　　「よくよく見ると後から出てきた元気なカニは，傷ついたカニの傷口に口を突っ込んでチューチューと汁を吸い，肉を食べていた。共食いである。つまり助けているように見えて実は傷つけていたのである」。

これは，後に述べる「雑毒の善」である（本書第8章第1節）。

② 大型類人猿の権利宣言

　大型類人猿（オランウータン，ゴリラ，チンパンジー，ボノボなど人間以外のヒト科動物）については，人間に近い精神構造，人の言語を理解しうる能力と複雑なコミュニケーション技術や，集団生活という社会構造，などがあることが証明されてきたという研究などから，「彼ら」に特別な権利を与えようという動きが活発化した。

　そこで，1994年，大型類人猿に対し，具体的な法的権利を保証することを目的として，霊長類学者，人類学者，倫理学者などから構成される国際組織，グレート・エイプ・プロジェクト（Great Ape Project-GAP）が設立された。

　さらには，1999年10月7日，ニュージーランドの国会で大型類人猿の法的権利を認める法案が成立した。これにより，上記の大型類人猿を研究，実験，教育の場で使用することはできなくなった。

　こうした動きの中で確認された Animal Rights は，次の三点を含んでいる。(1)生存への権利（the right to life），(2)個体の自由の保護（the protection of individual liberty)，(3)拷問の禁止（the prohibition of torture）。

③　チンパンジーの利他的行動。

　しかし，こうした大型類人猿は，赤の他人への利他的行動をするのであろうか。チンパンジーに利他主義はあるのか。

　「人間はどこまでチンパンジーか？」という問いがある。チンパンジーと人間との違いは，遺伝子でわずか2％の違いしかない(12)（他に3.7％という説もある）。このわずかな差が両者の外見上・内面上の大きな差異を生み出しているのである。このことがチンパンジー，ひいては人間の利他的行動に影響を与えることに関する説得力のある記述がある。

　　「遺伝子の小さな差異が行動の大きな差異につながる。遺伝子の小さな差異は，さまざまな脳部位の大きさや形状や配線にも，ホルモンや神経伝達物質を分泌，結合，リサイクルするナノテクノロジーにも影響を及ぼす(13)」。

④　その他

　こうした利他的行動は，大型類人猿以外は取らないのであろうか。ニュージーランド南島のミヤマオウムは，籠の中の餌を取るために，一匹が籠を開けている間に他の一匹が餌を取り，その役を交代するという相互扶助を行うという(14)。こうした互恵的利他行動の例を，クロポトキンは多く記述している。

　さらにクロポトキンは，「相互扶助と生存競争は矛盾するか」という命題を立てて，次のように記述している。

　　「動物の生活において支配的な特性になっている社会性と相互扶助が，われわれの祖先が，自然と親密な接触を重ねながら生活していたころに，原初の倫理観念［他者を助ける：筆者注］を発達させるうえで，大きな影響を及ぼしたにちがいない……人間の持っている道徳感情の起源は，社会的動物のなかに見られる個体的本能に対する社会的本能の優越にある(15)」。

　さらにクロポトキンは言う。

　　「生物学者の多くが，社会性と相互扶助が動物の生活の根本的な特徴であることを認めるのをためらっているのは，なぜなのか。それは，それを認めると，自分たちがダーウィン進化論の基礎にあるとみなしているマルサ

第Ⅰ部 なぜ「人」を助けるのか

資料 1-2 人類の誕生と進化の歴史

人類の誕生と進化
　①137億年前　宇宙の誕生
　②46億年前　地球の誕生
　③36億年前　生命の誕生
　④哺乳類の誕生
　⑤700万年前　人類のサル（ゴリラ）からの分離
　　440万年前　ラミダス猿人（猿人の誕生：二足歩行）
　　400万年前　アウストラロピテクス・アファレンシス
　　190万年前　ホモ・ハビリス（脳の大型化）
　　80万年前　原人の誕生（ジャワ原人，80万年前：北京原人［ホモ・エレクトス］75～40万年前）
　⑥20～6万年前　（旧人：ネアンデルタール人）
　⑦16万年前　（新人：ホモ・サピエンス，クロマニヨン人・4～1万年前）
　⑧5000年前　縄文人

出所：筆者作成。

ス流の生存競争との間に矛盾が生じてしまうと考えていたからにほかならない」[16]。

ここにもマルサス主義の影響が濃く表れている。

しかし，このマルサス主義そのものの欠陥が指摘されている。ピンカー (Pinker, S. A.) は言う。

「マルサス的予言の直接的な問題点は，快適な生活を支える資源を増加させるテクノロジーの変化の効果を過少評価しているところにある」[17]。

人間の理性の発展

「自ら進んで協力しようとするユニークなサル」[18]である人類はどのように発達してきたのであろうか。

まず人類の誕生と進化の大筋の歴史は**資料 1-2**のようなわけ方ができる[19]。

人類は，猿人・原人・旧人・新人，と進化してきた[20]。

理性の発達は，つまり脳の発達である。「自然淘汰という，道徳に無関係のプロセスから，真に寛大な感情を備えた脳が進化することを妨げるものは何もない」[21]。

この間に「理性」の基となる人間の脳（知能）の発達は，脳の重さからして，

猿人500ｇ，原人1000ｇ，現代人1400ｇである（身体全体の臓器の中の２％にすぎないが，１日のカロリーの20％を消費する）。脳が非常に大きく発達していく理由は，知能が高くなった人間の群れがさらに大きくなるに従って，より情報処理が複雑になっていくからであるという「社会的知能仮説（マキャベリ知性仮説）」で説明できるという。

　その脳とはどのようなものか。

　「ゲノムの30億個の塩基対によって組織化され，何億年という進化によってかたちづくられた脳は，創造を絶する複雑さをもったネットワークである。1000億個のニューロンが100兆個の結合部でつながり，まとまって，いりくんだ三次元構造を構成しているのである」。

　行動遺伝学はいう。

　「人間と他の動物と区別する，思考や学習や感情の潜在力はすべて，受精卵のDNAに含まれる情報の中にある」。しかし，遺伝子が人間の行動の全て100％，決定するのではない。「生物学的決定論」ではない。「遺伝子の影響の大半は確率的である。――遺伝子の作用は環境によって変わる」。

　この脳が単なる自己の生存への欲望を超えて，周囲にも注目する「社会脳」に発達した。脳の前頭前野にあるミラーニューロンが社会性を育てるのである。やがて，それは他者を気遣う「共感脳」となる。この「共感脳」は，親以外のきょうだい・祖父母・保育者による子育ての参加によって発達する。そして，そこから仲間意識が生まれ，やがて，助け合い，福祉の原点に向かうのである。そこには，脳内物質は，情動体験（嬉しい，悲しい）に関係している。「助ける」とセロトニン（安定した精神状態），ドーパミン（快感），オキシトシン（助けることの喜び）が働く。逆に，ノルアドレナリン（不快）は生じない。

　こうして他人の中に起こったこと（痛み）を自分のこととして共感できることによって，それがやがて他者へ向かう心理となり，助け合い（福祉）となっていく。

　では自分の共感脳を育てるものは何であろうか。

　それは次の三点が重要であるという。

①自分と他者との区別がきちんとできていること，②自らの情動体験が豊かであること，③模擬体験できるという能力。

人間は2歳ころから，①ができるようになり，3～4歳で社会性が育ってくるという。また，②に関して，豊かな情動（嬉しい，悲しい，感激するという感情）を育てることが必要である。

そのために，筆者は学生に「自然・山・海・音楽・映画・小説に接しなさい。犬・猫や花を愛しなさい」とよくいうようにしている。小動物や美しい花を愛さず，ある日，突然に「人間」を愛することはできないからである。

ソーシャルワーカーの最大の武器は「人間としての豊かさ」であると思っている。

共感すると，脳内物質セロトニンが出て，安定した精神状態を導く。また，③では1996年代にイタリアの脳科学者リゾラッティ（Rizzolatti, G.）らによって発見されたミラーニューロン[29]（共感に活動する脳の神経システム）が働く。

こうして見ると脳内物質が人間の共感を規定するというある種の「唯物論」に到達するように見える。しかし，次のような難しい指摘がある。

「ここでは物質をも精神をもあえて生命の視点から一元的に捉えようとする，或る種の〈有機体の哲学〉が誕生するのであるが，この有機体の哲学では，〈母なる自然〉が，己れのうちに超越神の存在をも自動機械のメカニズム[30]をも等しく取り込んで，ひとり創造の業にいそしんでいるのだとみることもできる」[31]。

人間存在を伝統的二元論（物質と精神，身体と心）では解くことのできない課題がここにある。以上，人間の理性（知性）と動物の違いが脳にあり，それが社会脳，共感脳に育って，他者（赤の他人）を助けることを見てきた。しかし，さらにそれらが人間の精神や思想や制度として，どのように発揮され実現されるのかを，本書の第3章で検討する。

第1章 助ける必要はないという思想

注・引用文献

(1) ピンカー, S.／山下篤子訳『人間の本性を考える——心は「空白の石版」か（上）』NHK ブックス, 2004年, 249ページ。
(2) 同前書, 250ページ以下。
(3) 同前書, 23-24ページ。ただし, 異なった調査もある。
　2009年2月11日に米世論調査企業ギャラップが発表した調査結果によると, 米国で「進化論」を信じる人は39％にとどまり, 全く信じない人が25％だった。36％は進化論に対して意見を持っていなかった。なお, この調査では若年・信仰心の薄い者ほど進化論を信じる割合が高くなっている。しかし一方で, 過去10年間に行われた他の調査においては, 44〜47％の人が, 神がこの1万年ほどの間に, 現在のような人間の形に創造したと信じていると答えている調査もあるという。
(4) マルサス, T. R.／高野岩三郎・大内兵衛訳『人口の原理』岩波書店, 1935年, 73-74ページ。
(5) 翻訳されたアレグザンダーの主著は, 山根正気・牧野俊一訳『ダーウィニズムと人間の問題』思索社, 1988年。
(6) NHK アーカイブス「NHK 映像ファイル あの人に会いたい 西江雅之（言語学者, 文化人類学者）」2015年11月28日。
(7) 小田亮『利他学』新潮社, 2011年, 139ページ。
(8) クロポトキン, P.／大杉栄訳『相互扶助論』同時代社, 1996年。
(9) 秋山智久「人間福祉の実践思想」秋山智久・平塚良子・横山穰『人間福祉の哲学』ミネルヴァ書房, 2004年, 21-22ページ。
(10) 神坂次郎『縛られた巨人——南方熊楠の生涯』新潮社, 1987年。
(11) カヴァリエリ, P., シンガー, P.編／山内友三郎・西田利貞監訳『大型類人猿の権利宣言』昭和堂, 2001年, viii-ixページ。
(12) ダイアモンド, J.／長谷川真理子・長谷川寿一訳『人間はどこまでチンパンジーか？——人類進化の栄光と翳り』新曜社, 1993年, 2ページ。
(13) 前掲書(1), 97-98ページ。
(14) NHK・BS「ワールドライフ」2015年4月13日。
(15) クロポトキン, P.／大窪一志訳『相互扶助再論——支え合う生命・助け合う社会』同時代社, 2012年, 124ページ。
(16) 同前書, 124-125ページ。
(17) ピンカー, S.／山下篤子訳『人間の本性を考える——心は「空白の石版」か（中）』NHK ブックス, 2004年, 189ページ。
(18) 清水隆則『ソーシャルワーカー論研究——人間論的考察』川島書店, 2012年, 129ページ。
(19) 「地球と生命——46億年をさかのぼる旅」『Newton ニュートン』2017年7月号,

第Ⅰ部　なぜ「人」を助けるのか

　　ニュートンプレス，14ページ以下，「人類進化」『朝日新聞』（2015年7月4日）などを参考にした。
(20)　『生命大躍進——脊椎動物のたどった道』国立科学博物館，2015年，164-176ページ。
(21)　同前書，201ページ。
(22)　前掲書(7)，155ページ。
(23)　前掲書(7)，154-155ページ。
(24)　前掲書(17)，115ページ。
(25)　前掲書(1)，97ページ。
(26)　同前書，235ページ。
(27)　同前書，103ページ。
(28)　有田秀穂『共感する脳』PHP新書，2009年，26ページ。
(29)　茂木健一郎『化粧する脳』集英社新書，2009年，24ページ。なお，ミラーニューロンの六点の特徴については，次の文献に詳しい。開一夫・長谷川寿一編『ソーシャルブレインズ——自己と他者を認知する脳』東京大学出版部，2009年，80ページ。
(30)　問題を解くための手順を定式化した形で表現した，精神も目的も欠いた機械的な算法。ダーウィンの自然淘汰も一種のアルゴリズム。
(31)　デネット，D. C.／山口泰司監訳『ダーウィンの危険な思想——生命の意味と進化』青土社，2001年，監訳者あとがき，755ページ。デネットは，心の哲学を専門とするアメリカの代表的科学哲学者。
　　ここでいう「ダーウィンの危険な思想」とは，ダーウィンの考えそれ自体を危険視しているのではなく，それが「①ヨーロッパ的思考の伝統的構造を根本から解体してしまう力を秘めている力，……②自然界における〈人間の特権的地位〉を危険にさらしてしまう力」を持っていることが危険だというのである（同前書，監訳者あとがき，748ページ，番号は筆者）。

第2章

人間の本性

1 善か悪か

　人間の本性は善なのか，悪なのかという論議は，古来，ずっと続けられてきた。それを巡って様々な事例と理論が展開されてきた。

性善説と性悪説
その代表的なものは次のものである。
　① 性善説
　人間の本性は基本的に善であるとする倫理学や道徳学説であり，特に儒教の主流派の中心概念である。「性善説」という言葉は儒家の一人，孟子に由来する。
　② 性悪説
　孟子の性善説に対し，紀元前3世紀ごろの中国の思想家・荀子が反対して唱えた。「人の性は悪なり，その善なるものは偽（ぎ）なり」(『荀子』性悪篇)。荀子は，人間の本性は「欲望的存在」であるとする。たとえ善いことを行ったとしても，それは虚仮（こけ）の行である，つまり偽善であるとする。
　宗教は，何千年という年月にわたって，人間とは何であるかを知らしめる人間の本性に関する主要な人間観を示してきた。
　キリスト教では，アダムとイブが犯した原罪から発して，人間の本性は悪であるとする。聖書はいう，「その唇には蝮の毒がある」(宗教と社会福祉に関して

は第5, 8章で詳述する。)

　ベネディクト（Benedict, R.）の『菊と刀』の指摘のように，日本人の「恥」とキリスト者の「罪」の違いに関して，「人が見ている」ことを気にする日本人には，「神が常に見ている」とする罪の意識は解りづらいものがある。つまり，罪とは——うそをつく，騙す，嫉妬する，妬む，いじめる，いやがらせをする，怒る，馬鹿にする，自己顕示する，匿名で投書する——などである。そこには，人さえ見ていなければ，という感覚がある。

　モーセの十戒が「汝，姦淫するなかれ」とし，聖書が「およそ，色情を抱いて女を見たるは，既に心の内に姦淫したり」としたことに対して，徳富蘇峰が「われ，日に姦淫すること，三千回」と言ったのは有名な話である。

　また，浄土真宗（親鸞）は言う。「こころは蛇蝎のごとくなり。修善も雑毒なるゆえに虚仮の行」。善を行うことの多くは，つまりは偽善である。

　法然・親鸞に影響を与えた中国唐代の浄土教の祖・善導大師には「雑毒の善」という言葉がある。相手のために「善かれ」と思ってなした行いに雑多な毒が含まれているというのである（社会福祉実践において，面接で必要もないことを「クライエントのため」だとして「好奇心から尋ねてしまう」行為や，福祉施設職員が自分では守ろうとしない施設の規則（就寝の時間・酒の禁止）などが，これに当たる）。また，「人」に働きかける動機が，自らの劣等感を隠すためだったり，密やかな優越感を感じることにあったりすることを「救世主（メサイア）コンプレックス」という。

　ダンテ（Dante, A.）の『神曲』はいう（この言葉は，1709年生まれのイギリスの文学者，ジョンソン（Johnson, S.）や，ドイツの経済学者マルクス（Marx, K. H.）の言葉という説もある）。

　　「地獄への道は善意によって敷き詰められている」。
　　(The road to hell is paved with good intentions.)

タブラ・ラサ（白紙：白い板：空白の石版）

　中世のラテン語のタブラ・ラサ（tabula rasa）はもともと「磨いた板」「ぬぐ

われた書字版」という意味であるが,「白い板」と訳されてきた。「空白の石版」(Blank Slate) である。

イギリスの哲学者ロック (Locke, J.) の『人間悟性論』は,この「白い板」に性格などを書き込むのは,「経験」であるとする。つまり,人間は生得観念 (innate ideas) を有しておらず,観念の起源はあくまでも経験であるという。次に一例を挙げる。

有名幼稚園への「お受験」の際,四本足の鶏の絵を見せられて「何かおかしいことはないの？」と尋ねられた少女は「それでいいの」と答えて不合格になった。少女は,「自分はまだ幼いから,知らないだけで,四本足の鶏はいるかも知れない」「先生が偽の絵を示して人を試すことなどない」と思っていたのであった。どちらが純粋なのであろうか。こうした「白い板」は経験によって,やがて汚れていく。

フィンランドのことわざは言う。「あの麗しい少女たちはどこに行ってしまったのだろうか」。つまり,そこには清らかなものを汚していく苦々しい経験の存在がある。

人間の悪と社会福祉

「人間は悪である」という立場から社会福祉の制度を制定したり,社会福祉実践に警戒のための見張りをする例は多い。古来,相互扶助,慈善事業,博愛事業,社会事業,社会福祉などと呼ばれた歴史の中で,働きかける側（人）,特に為政者をもっとも悩ませてきたのは,働きかけられる側（「人」）をどこまで信じていいのかという課題であった。つまり,本当に困っている「人」なのか,それとも心優しい人の善意や救済しようとする制度を欺いて,それらを利用して得をしようとする「人」なのか,という判断であった。人間の本性の見抜き方であり,人間観である。「惰民観」[1]（貧困者を怠け者と見る人間観）を取るか,それに対して戦うかの問題である。

たとえば,世界の救貧法 (poor law) や公的扶助 (public assistance) もこの問題に悩まされてきた。各国の公的扶助（英国では,英国救貧法（主なものは,1601

年・エリザベス救貧法，1834年・改正救貧法），米国では社会保障法（1935年），わが国では，恤救規則（1874年，太政官達第162号），救護法（1929年，法律第39号），生活保護法（1950年，法律第144号）など）の施行において，為政者は生活困窮者が本当に困っているのかを調べることが必要であった。働く能力があるのに働かないのか，諸事情によって働けないのか，隠し財産が有るか否か，が実に気になることであった。

このため導入された方法が，申請者が隠し資産を持っていないか，親族等の支援者が居ないか，を調べるための公的扶助における資産調査（ミーンズテスト：収入認定）であった。

労働能力（稼働能力）が問題となる幾つかの例を挙げよう。

英国救貧法で，救貧の対象を，①労働能力者（able bodied poor），②労働無能力者（impotent poor），③要保護児童（dependent children），に分類して，働けるか否かを厳しくチェックしたのである。そして，保護を受けることを抑制するために，保護施設であるワークハウスでは，入所するよりは無理してでも働いたほうがいいと思わせる厳しい処遇を行った。特に一般混合労役場（general mixed workhouse；性別・年齢・障害の有無に一切関係なく，一緒に収容した）では，暴力，殺人，婦女暴行は日常茶飯事であったといわれる。

アメリカで近代において，この問題に厳しく直面したのは「ニューバーグ事件」（1961年）である。ニューヨーク州ニューバーグ市は公的扶助受給者に対し，惰民観に基づいて，厳しい受給制限を行ったのである。[2]

わが国の公的扶助（生活保護）においては，現行の生活保護法第4条「保護の補足性」は，「生活に困窮する者が，その利用し得る資産，能力その他あらゆるものを，その最低限度の生活の維持のために活用することを要件として行われる」としている。そして，資産調査のために，必要な時には同法第28条によって「報告，調査及び検診」の施行を求めている。

これらの背景にあるのは，人間はどこかで悪である（悪になりうる）という見方である（先述したように，宗教は人間の本性を悪とみる。キリスト教の原罪，仏教の業のように）。

人間の本性に関する説明や学問へのタブーは未だに存在するし，今後も論争の種になっていくであろう。その時，重要なのは，次の指摘ではあるまいか。

「問題は，人間の本性がこれからますます，心や脳や遺伝子や進化の科学によって説明されていくかどうかではなく，私たちがその知識をどうあつかっていくかである」⁽³⁾。

2　遺伝か環境か

生まれか育ちか

古来，人間の善悪の行動に関して，その原因は遺伝か環境か，生まれ（nature）か育ち（nurture）かという二元論の論争が延々と続いてきた。

犯罪の多発家系を調査して，遺伝による犯罪の家系図を作成した犯罪学者ロンブローゾ（Lombroso, C.）などはその典型である。

しかし，こうした視点は近代になって，特に遺伝を重視することは差別を生む土壌として忌避されることとなる。そして環境（社会環境：他に自然環境がある）によって，性格が形成されるのであるから，まず社会環境（貧富の差や，施設・制度利用の公平さ）を整えることによって，人間の平等な成長と生活の機会を提供するという説が主流になってきた。まさに，「人間が環境をつくると同じくらいに，環境が人間をつくる」⁽⁴⁾からである。

アメリカのアファーマティブ・アクション（affirmative action：弱者優遇措置）や，一時期，ソ連でIQ（知能指数）を測定することを止めたことなどは，その考えによる。遺伝を強調することは，差別的であるという声が強くなってきた。まず民主化と近代化によって，社会環境を整備すべきであるという主張である。

筆者は社会福祉研究者として，社会環境を整備することの重要性は深く認める。しかし，人間の性格は環境からの影響だけで形成されるのであろうか。人間には，本来，怠け心はないのであろうか。人間の心の中の悪は，すべて環境に既定された経験からのみ，作り出されたものであろうか。

「今日の学界に普及している相対主義の見解によれば，現実とは［人間の行う

悪も：筆者注］，言語やステレオタイプやメディアのイメージを介して社会的に構築されたされたものである」とされる。著者ピンカー（Pinker, S. A.）によれば，この相対主義には，社会構築主義，ポストモダニズム，脱構築主義が入る。

彼はさらに言う。「ポストモダニストをはじめとする相対主義者が真実や客観性を攻撃するのは，存在論や認識論の哲学的問題に関心があるからというよりも，人種差別主義者や性差別主義者の足元をすくうのに一番いい方法だと感じているためである」。

しかし，こうした「人間の本性に関するタブーは，研究者に目隠しをしてその視野をせばめてきただけでなく，人間の本性についてのあらゆる議論を撲滅すべき異端の説に変えてしまった」という警告にも耳を傾ける必要があるのではないか。

個人差をどう考えるか

人間には利他主義がある。しかし，個人によっては冷たい人もいる。こうした個人差をどう考えたらいいのであろうか。

その回答として，「人よりも意地悪くなりやすい，あるいは親切になりやすい素因を遺伝子によってあたえられているのかもしれない」という考えがある。人によっては全く見返りを期待しないで他の人に尽くす人もいれば，それとは真反対に完全な裏切りをする人もいる。社会心理学者がいう「マキャヴェリ的特徴」を持つ人である。しかし，「ほとんどの人は，互恵主義と純粋な寛大さと強欲がまじりあった中間の領域に位置する」。

ドーキンス（Dawkins, R.）の言う『利己的な遺伝子（The Selfish Gene）』（1976年）の影響は多大であろうが，しかしそれは「DNAの指令をやみくもに実行するという意味ではない。……そのような遺伝子が選択されるという話は，そうした機能の進化を可能にするさまざまな道筋についての話である」。

そして，弱肉強食といっても「自然淘汰という，道徳に無関係なプロセスから，真に寛大な感情を備えた脳が進化することを妨げるものは何もない」ということなのである。

いずれにしても，環境と遺伝子の影響であろう。

社会心理学では人間行動を，B＝f(E×P) という公式で表す（Bは，behavior ［行動］，Eは environment ［環境］，Pは personality ［性格］を示す）。

3 利他主義と利己主義

利他主義

人が「人」を助けるとき，どこまで他人の不幸に関わりうるのかという苦しい課題を背負うことになる。当初は関わっていながら，面倒になって投げ出すかもしれない。もしくは自分自身が傷つかない範囲でのみ関わっていこうとするかもしれない。

これはつまり利他主義（altruism）とエゴイズムとの葛藤である。このことはイギリスの社会哲学の長い間の課題であった。つまり，社会福祉の視点からいえば，ベンサム流の「最大多数の最大幸福」という「個人幸福」ではなくて，ミル（Mill, J. S.）のいう「社会幸福」という「全体」の視点に立たなければならないということである。ベンサム（Bentham, J.）のいう「最大多数」から外れた「少数者」こそを社会福祉は対象とするのである。つまり，レヴィン（Lewin, K. Z.）のいう，パーセントや量からの視点を重視するアリストテレス的考え方ではなくて，少数者や質を重視するガリレオ的考え方に立つのである。人間はどこまで自分を削って，自分の利益やエゴイズムを制限・克服できて，「人」と関わっていくことができるのかという課題である。

ラッセル（Russell, B. A. W.）は言う。

「もしも，ほかの人に食わすことのみ時間を費やして，自分が食うのを忘れていたら，人間は死んでしまう」，そして「何か利己的な動機なしには，熱意を持つことはむずかしい」。

「他人が自分に何かをしてくれない」という「被害妄想」について，ラッセルが言う人間関係の「公理」の一つに次のようなものがある。

「他人にあまり多くを期待するな……利己主義者の利益よりも，利他主義

者の損害のほうが大きいからである」[16]。
しかし，ラッセルの次の言葉はわれわれを勇気づける。
「人間の本能は，完全に自己中心的なものではない」[17]。

利己的な自分が，本当に「人」を助けることができるのか

　人間は利己的である。頭の中に利己愛がこびりついている。ナルシシズムの語源であるギリシャ神話の中の美青年ナルキッソス（Narcissus）の逸話は見事にそれを表している。

　利己愛の例は日常生活において，いくらでも見出すことができる。集合写真ができてくればまず自分を探し，募金の呼びかけには周りの人や同伴の人にいい顔を見せたくて募金してみせる（見栄を張るという男性が示す気前の良さは，女性へのアピール）[18]。電車に乗っていて席を高齢者などに譲る時素直に立てば利他愛であるが，向こう側の席から攻められる視線を感じて席を譲ると利己愛である。どちらの場合でも席を譲るという行動は全く同じである。

　こうした利己的な自分がそれでも他者に働きかけることができるというのは，自他を区別しつつもお互いに相手のことを考えるという現象学の「間主観性」の課題である。

　しかし，ここに八浜德三郎（はちはま）が示した厳しい言葉がある。「一椀の食，一杯の水，一夜の宿，一枚の衣，一回の訪問」，これらはその「人」への焼け石に水の行為であるが，しかしそのわずかなことが「最も小さい者のひとり」（聖書：マタイ25：40）をどれだけ慰めるであろうか。しかし八浜德三郎はいう。「その焼け石に水さえも，我々には与える力がない」。

　先述したドーキンスは『利己的な遺伝子』で，人間の身体は，自分のみが生き延びよう，拡張しようとする利己的な遺伝子の借り物であり，「個体は遺伝子の乗り物」[19]にすぎないと述べた。この遺伝子は「自分自身のコピーをもっとも多くつくる，誇大妄想者のような遺伝子」[20]である。

　このような利己的な自分が，本当に「人」を助けることができるのかという問いは残り続ける。その利己的な自分が「人」のことを真剣に考えるのは，

第2章　人間の本性

「わが身」に同じことが降りかかってきた時なのではないか。

仏典（法華経，雑宝蔵経など）は告げる。

仏教に鬼子母神（きしもじん）の話がある。鬼子母神（カリテイモ：王舎城の夜叉神の娘）は人間の子をさらっては食していたので多くの民が釈尊に訴えた。そこで釈尊は鬼子母神の多くの子（500人とも一説には1000人とも）の一人を隠した。我が子を探して半狂乱になった母・鬼子母神に釈尊は諭す，そのように多くの子を持っていても，ただ一人の子を必死で探すではないか，ましてや，子が一人しかいない人間の母親はいかがと。その後，鬼子母神は良き仏弟子となった。

ローマ皇帝ネロの後見人であり，家庭教師でもあり，やがてネロによって自殺を強制させられたストア派の哲学者セネカは，その名著『人生の短さについて』の中で，次のようにいっている。[21]

「誰にも起こりうるのだ……誰かに起こりうる出来事は」

「或る人に起こることは君にも一つ一つ起こりうることを知るべきである」。

自分に「人」を助ける力はない，資格はない，助けるには余りに利己的であると，謙虚に，ある意味では自虐的に自分を責めることが解らないでもない。しかし，そのことにこだわって，捕らわれ続けて，一向に動こうとはしないことが，時として我々にあるのではないか。そして，それを「動かない」ことの理由にして，自らに免責を与えることがないのであろうか。

愛とは何か，という問いに対して，多くの識者は「愛が意思である」と答えてきた（例えば，フロイト左派の思想家フロム（Fromm, E. S.）『愛するということ』，アメリカの精神医学者ペック（Peck, M. S.）『愛と心理療法』）。

しかし，愛するという意思があっても，「動かない」のであれば，その実はあるのであろうか。筆者は，これに「行動」を加えて，「愛とは意思に基づく行動である」とするのが，正しいのでないかと考える（第4章において詳述する）。

4　互恵的利他行動

　生物の利他行動には二つのものがある。

　一つは，血縁のあるもの（多くは群れ）の間の利他行動であり，人間の場合，家族・親族などの間の「身内びいきの利他行動」である。「しかし愛情や連帯感は相対的である。身内に思いやりがあるということは，他人には冷淡だということである」。この利他行動はまた「芯の堅い利他主義（hard-core altruism）」ともいえる。

　もう一つが，互恵的利他行動である。これは「生物個体が好意や恩恵のやりとりをする場合に進化できる」，そして人間の間で「互恵的利他行動が進化するのは，孤立したり人を避けたりするよりも協力しあうほうが有利だから」である。これはまた，「芯の柔らかな利他行動（soft-core altruism）」である。

　そして，人間が「気にかけるのは幸福や愛や権力や尊重やそのほかの感情である」が，これは生物進化学では「至近要因」と呼ばれ，現実的な生活での「要因」である。一方，人間の進化の過程で身につけた互恵的利他行動は「究極的要因」（進化的要因）と呼ばれ，「自然淘汰という，道徳に無関係のプロセスから，真に寛大な感情を備えた脳が進化することを妨げるものは何もない」から，人間にはやがて愛や憐みや良心が備わったのである。

　人間が「自分を助けてくれた者を助け，助けてくれなかった者を避けたり罰したりする」という互恵的利他行動は「交換の利得の恩恵」を受ける。そして「人間には，互恵的利他行動に必要な能力が備わっている」ことにより，「一対一の交換を導くだけでなく，公益への貢献も導く」。これが，やがて「人」（赤の他人）を助ける原点となり，やがては社会福祉につながるのである。

　日本のことわざに「情けは人のためならず」というのがある。この「親切の連鎖」において，「利他行動のやり手」が，その良い「評判」によって，「受け手以外からの他者から助けてもらえる可能性が高くなる」ことを「順行的互恵性」といい（または「間接互恵性」），「感謝」の気持ちから第三者への利他行動

が増えることを「逆行的互恵性」という[31]。

　しかし，やがて自分に返ってくることを期待した互恵的行動を，先述したようにダーウィン（Darwin, C. R.）は，「卑しい動機」と言ったのである（本書第1章第2節）。

5　絶対的利他主義

自己犠牲は可能か

キリスト教作家・三浦綾子は次のような実話を書いている[32]。

　「1954年9月26日，台風がやって来て青函連絡船洞爺丸が沈んだ。1500人が海の藻くずと消えた。船から次から次と救命ボートが浮かべられ，最後の一隻の救命ボートが残った。自分の番を待って並んでいる人達が次々と乗り移り，最後に二つだけ席が余った。次の順番はアメリカ人のキリスト教の宣教師の2人であった。彼等は後ろから付いて来た異邦人の見ず知らずの日本人に席を譲って，自分達は沈んで行く船の中から手を振りながら死んで行った」（『氷点』）。

　「1909年2月28日，北海道旭川北30kmにある塩狩峠で車掌・長野政雄氏は，連結が外れて元来た峠の下り坂を滑り落ちて行こうとする列車の車輪と線路の間に自らの身を投げ出してその車両の乗客を救った」（『塩狩峠』）。

　人間は果たして人のために死ぬことができるのか，自分の子どものために，家族のために，恋人のために死ぬことができるのか。できるかもしれないしできないかもしれない。

　　伝説によると，秀吉に反抗して捕らえられた大盗賊石川五右衛門（1594年10月8日処刑）が京の三條の河原で釜茹でになった時，自分の子どもと一緒に釜に入れられた。お湯がどんどん熱くなると，最初，五右衛門は子どもを持ち上げていたが，いよいよ我慢ができなくなると，最後には自分の子どもをどぶんと熱湯の中に沈めて，自分がその子どもの上に乗って助かろうとしたという（それにも種々の解釈があって，子どもを早く楽にしてやっ

たのだとか，いろいろと人は言う）。

　子どものために人間は死ぬことができるのかは分からない。ましてや洞爺丸のキリスト教宣教師のように異国の見知らぬ他人のために，また長野政雄氏のように仕事に関連しているとはいえ他者のために，死ぬことができるものなのであろうか。

絶対的利他主義

　自己犠牲という程ではないとしても，「匿名」で他者に利他的にふるまうことを「強い互恵性(33)」という。

　「見返り」を期待する，相対的な互恵的利他行動と違って，先の例のような「自己犠牲」を「絶対的利他主義」と名付けよう。トリヴァース（Trivers, R. L.）はこれを「純粋な公共心のある利他主義(34)」と呼んだ。しかし，「互恵」という文字が入る限り，「お互いに」という意味がでてくる。その場合，「人」を助けた人が「見返り」として受け取るものは何であろうか。

　それは，世間的な利益ではなく，もっと精神的な喜びなのであろう。社会的基督教の中島重が天国で師・新島襄から「良くやった」と言われたいと励んだ話とか，多くのキリスト教殉教者が神から認められたいというような信仰が，これに該当する。そのような高揚した精神をたとえ「見返り」とみなしても，それは「卑しい動機」には当たらないであろう。

　こうした文脈からすると，宗教的利他主義は，この絶対的利他主義に属する。

　本節初頭に書いた「自己犠牲」の実話などを見るにつけ，「宗教は人をより利他的にするのであろうか」という問いが生じるが，それに対しては次のような見解がある。

　　「宗教を信じることによって，その信じた人の価値観，世界観がその宗教により築かれ，その宗教により説かれる利他主義もその信者の生き方を規定し，利他的精神を涵養するのであれば，利他主義を説く宗教を信じて深い関与がある人ほど，利他性が強いことになる(35)」。

　この章を終わるに当たり，「人間の本性」に関する宗教の立場を再度，考察

してみたい。第1節「善か悪か」において、宗教は人間の本性に関する人間観を示してきたと述べた。

20世紀のアメリカを代表する神学者ニーバー（Niebuhr, R.）は「真の宗教的な精神には人間の本性について幻想はありません。人間の心が罪深いものであることを知っているからです」と述べる[36]。その理由は「悪を働いた者たち」と「同じ悪がわれわれのうちにあることを知っているからです[37]」という。

それは「人間は、徳と悪との、また忍耐が試されるような欠点と賞賛されてしかるべき高貴さの複合体[38]」だからだという。

そうした人間のあり方に立ち向かうソーシャルワーカーにとっての「宗教の具体的意義」として「人間の平等性という人間観」「宗教によって促される共感」など六点が指摘されている[39]。そうした任務につくソーシャルワーカーの使命感についてニーバーは次のように言う。「職業に対する使命感が宗教的であるその理由は、人生の目標を選び、その重要性を信じることが純粋な理性の問題としては不可能だからです[40]」。これは正に calling（召命）である。

注・引用文献

(1) 秋山智久「社会福祉における『惰民観』の形成と構造——歴史の中での検証」『社会福祉実践論——方法原理・専門職・価値観』（改訂版）ミネルヴァ書房、2005年、351ページ以下。
(2) 同前書、359ページ、または秋山智久「米国の公的扶助における惰民観の構造」『社会保障研究』Vol. 8, No. 1, 1972年。さらに詳しくは、秋山智久「米国の公的扶助における人間観の相克——ニューバーグ事件をめぐって」『四国学院大学論集』第16号、1969年、を参照のこと。
(3) ピンカー、S.／山下篤子訳『人間の本性を考える——心は「空白の石版」か（上）』NHK ブックス、2004年、261ページ。
(4) ピンカー、S.／山下篤子訳『人間の本性を考える——心は「空白の石版」か（中）』NHK ブックス、2004年、41ページ。
(5) 同前書、116ページ。
(6) 同前書、116ページ。
(7) 同前書、124ページ。（一部、原典と表現を変えた。）
(8) 前掲書(3)、12ページ。

(9) 前掲書(4),231ページ。
(10) 同前書,230-231ページ。
(11) 同前書,200ページ。
(12) 同前書,201ページ。
(13) 小林里次『J. S. ミル研究——平等財政原則とその理論的展開』高文堂出版,1992年,51ページ。
(14) レヴィン,K./相良守次・小川隆訳『パーソナリティの力学説』岩波書店,1957年,1,4,17,29ページ。
(15) ラッセル,B./安藤貞雄訳『ラッセル幸福論』岩波文庫,1991年,132ページ。
(16) 同前書,135ページ。
(17) 同前書,20ページ。
(18) 小田亮『利他学』新潮社,2011年,80ページ。
(19) ドーキンス,R./日高敏隆他訳『利己的な遺伝子』紀伊国屋書店,1994年,185ページ。
(20) 前掲書(3),111ページ。
(21) セネカ/茂手木元蔵訳『人生の短さについて』岩波文庫,1980年,100-101ページ。
(22) 前掲書(4),199ページ。
(23) 同前書,203ページ。
(24) 清水隆則『ソーシャルワーカー論研究——人間論的考察』川島書店,2012年,65ページ。
(25) 前掲書(4),199ページ。
(26) 同前書,65ページ。
(27) 同前書,201ページ。
(28) 同前書,201ページ。
(29) 同前書,222ページ。
(30) 同前書,223ページ。
(31) 前掲書(24),126ページ。
(32) 秋山智久「人間福祉の実践思想」,秋山智久・平塚良子・横山穣『人間福祉の哲学』ミネルヴァ書房,2004年,21-22ページ。
(33) 前掲書(18),68ページ。
(34) 前掲書(4),222ページ。
(35) 稲葉圭信『利他主義と宗教』弘文堂,2011年,49ページ。
(36) ニーバー,R./高橋義文・西川淑子訳『ソーシャルワークを支える宗教の視点——その意義と課題』聖学院大学出版会,2010年,85ページ。
(37) 同前書,85ページ。

(38) 同前書，81ページ。
(39) 同前書，144-146ページ，訳者解説。
(40) 同前書，88ページ。

第3章

助けることの思想と制度化

1 助けるとは何か──支援の概念

　社会福祉において，社会福祉従事者・ボランティア等が動く時に，その行動を表す幾つかの用語が混乱している。それらの用語は，社会福祉の支援，活動，実践，援助である。これらの概念の中でどれがもっとも広義であるかが必ずしも専門の学会（たとえば，日本社会福祉実践理論学会，現ソーシャルワーク学会）においてさえも確定されていない。活動と実践と援助の関係は未だ不明な部分が多い。筆者はこれら三つを総称して「支援」とする。つまり，「支援」は，行政・市民・ボランティア・ソーシャルワーカー等，すべてが「人」に対して働きかける概念である。

　そこで本章では図3-1のような形でもって，この概念を整理してから論を進めたいと思う。

　この「支援」に関して，縦軸に「非専門性」と「専門性」，横軸に「制度有り」と「制度無し」をとると，この三つの概念は広い方，つまり図の外側から，活動，実践，援助となる。「制度あり」はつまりそのことによって従事者が「有給」であることとつながる。「制度なし」は「無給」ということになる。

　「活動」は，民生委員活動やボランティア活動のように，素人による非専門的な行動である。しかし一方で都道府県・指定都市の社協の「福祉活動指導員」や，市区町村社協の「福祉活動専門員」といった名称があるが，これは古くから「社協活動」と呼称されていた伝統を引き継いでいるものとして，前述

第Ⅰ部 なぜ「人」を助けるのか

図3-1 社会福祉における支援の概念

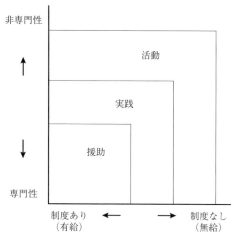

出所：筆者作成。

の概念区分の例外と考えるのが適切であろう。

「実践」は社会福祉の従事者による専門的な行動であるが，最狭義の「援助」には含まれない内容がある。すなわち社会福祉施設長の行う運営管理，社協職員による住民の組織化，社会福祉の行政職員による計画（プランニング）や，ワーカーの権利擁護やアドボカシーなどである。

「援助」は，社会福祉士の業務である「相談援助」（相談・助言・指導・援助）を中心に，無資格のソーシャルワーカーも行うクライエントに対する面接や対面的な行為の中で，あるいはそこから派生する，個人（社会福祉利用者）の主体的側面をサポートする行為を意味する（業務としては，連絡調整が追加される）。

「社会福祉士及び介護福祉士法」とその関連通知に基づけば，「援助」とは社会福祉士に使用される概念であって，介護福祉士の行為には該当しない。ただし生活「援助」は別概念である。

第3章　助けることの思想と制度化

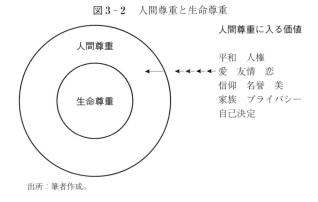

図3-2　人間尊重と生命尊重

出所：筆者作成。

2　助ける必要がある理由——援助の思想

　第1章において，ディスカッションを中心に，なぜ「人」を助けるのか，の回答例を示した。その中には原思想とも言うべき，素朴な意見が含まれていた。それを「援助の思想」としてまとめ，人間尊重（生命尊重），人道主義（ヒューマニズム），人権思想，相互扶助，社会連帯，平等主義，社会防衛の，七つにわけて検討する。

人間尊重（生命尊重）
　まず人間尊重と生命尊重との違いを検討してみる必要がある。
　従来，社会福祉や他のヒューマン・サービスでも生命尊重が重視され，「命一番」という視点から，制度・政策や援助も推進されてきた。しかし生命尊重とは異なった人間尊重の概念が明確にされ，その重視が検討されなければならない。
　それは図3-2によって明確にされる。
　つまり，「命一番」とはいうものの人間には「命」よりも大切なものがあるということである。親が子どものために命を捨てることを考えてみれば，よく解る。その他，人間が社会正義のために，その命を捨てて戦ってきた歴史や事

件をみれば，理解できることである。

　星野富弘の詩画集に『いのちより大切なもの』（いのちのことば社，2012）がある。そこには，詩人の感性が見出した人間の尊厳を形造るものが読まれている。

　　いのちが一番大切だと思っていたころ，生きるのが苦しかった。いのちより大切なものがあると知った日，生きているのが嬉しかった。

　この人間尊重に入る項目には「生命」を捨ててもいいと，人はその時に思うのである。そのことの例として次のようなものがある。自己決定の重要性を巡って日本で「エホバの証人」の信者が訴訟した事件（手術前の輸血拒否をしたにもかかわらず，大量の出血があり輸血されてしまった事件。最高裁でも患者が勝訴した）や，米国の「コワート事件」（火傷度3の致命傷なので自己決定に基づいて延命手術を拒否したにもかかわらずに医者が10回の手術を施して社会復帰させた事件）。

　しかし，その「人間尊重」さえも自明の理としないで証明してみなさいという要求に応えて三つの証明方法を示したのが，プラント（Plant, R.）の『ケースワークの思想』である。[(1)]

　その一は，有神論的な隣人愛による。神が「人を大切にしなさい」と命じたからであるとする。信ずる人にとってはそこに絶対的な根拠がある。

　その二は，無神論的ヒューマニズムに基づく。神の存在を信じていなくとも，人間の理性は，人間の存在をかけがえもなく美しく貴重な存在として大切にすることを知った，というのである。

　その三は，実用主義（プラグマティズム）に基づく考え方である。自分自身が他人から尊重されたければ，他人も尊重する必要が生じてくるという，お互い様の考えである。

人道主義

　憐憫（思いやり）の情は，人が他人に抱く基本的に優しい感情である。「可哀そうに」という感情である。はっと，胸を突かれる思いである。しかし，同情は上からの視線で差別的であるからとして，「同情より理解を」という表現と

姿勢に変えられてきた。その主張は理解できる。トリヴァース（Trivers, R. L.）はいう。「同情には他者への利他行動を動機づけ，その相手と新たな互恵的な関係を構築するきっかけをつくる機能がある(2)」〔アンダーラインは筆者〕。

しかし，ある光景を見た瞬間に，心をよぎるのは，先に述べたような率直な思いであり，それを差別的ということは，余りに人の心を理知的にのみ解釈することになりはしないであろうか。瞬間に「可哀そう」と思うのである。

しかし，ここまでは全く個人の感情である。個別の思いである。それを，人間が共有して他の多くの人たちにも向けていく展開が人道主義への道筋である(3)。そして，この思いを確固とした思想にまで高めた時，そこに人道主義（ヒューマニズム）が人類の重要な「立つべき所」になるのである。

人権思想

人々は圧制者に対して，自分たちの自由や思想や権利や財産・家族などを守るために戦い続けてきた。そのために血を流してきたのが歴史の重要な流れであった。

権利が明文化された最初はマグナ・カルタ（Magna Carta；大憲章，1215年）といわれる。「議会なければ課税なし」と謳われたこの大憲章は，その後の憲法原理の「法の支配」の基礎となった。

その重要な内容は，「王の決定だけでは税金を集めることができない」（第12条），「自由市は交易の自由を持ち，関税を自ら決められる」（第13条），「国王が議会を召集しなければならない場合」（第14条）などである。

明治初期に，"right"，"Recht"（ドイツ語）は，最初は「権理」と訳されていた。その理性，合理性の「理」がいつの間にか「利益」の「利」に変わってしまった。「権利」は文字をひっくり返せば「利権」となる(4)。

ところで権利と人権はどう異なるのであろうか。結論的にいうならば，権利は法律によって守られ，人権は憲法によって保障されるといえるであろう。そしてその人権は，三つの人権として発展してきた。

第一は「個人的自由権」である。市民としての自由な権利である。しかし，

37

何でも自由……思想・信条の自由，集会の自由，職業選択の自由……ならば「餓死する自由」もあるのかということが歴史的に問われることとなった。かくして1929年の世界大恐慌後の米国で世界最初の「社会保障法」（1935年）が成立した。それが第二の「社会的基本権」である。これは生存権であり，最低生活保障であった。貧困は個人の責任であるという「惰民観」から脱して，社会的に原因があることを証明した19世紀末から20世紀初頭にかけてのブース（Booth, C.）やラウントリー（Rowntree, B. S.）の調査が時代と場所を越えて法律に実ったのである。

第三の人権は「包括的基本権」といわれる。今日の重要課題である，プライバシーや秘密保持や自己決定の権利を，憲法第13条の「幸福追求権」にその根拠を求め，それらを包括的基本権としたのである。

したがって，なぜ人を助けなければならないのかという理由は，憲法（第25条）に決められているから，という説明が成り立つ。

相互扶助

相互扶助に関しては，クロポトキン（Kropotkin, P. A.）の『相互扶助論』を紹介しつつ，すでに本書第1章に詳述してある。下等動物から大型類人猿にいたる相互扶助（互恵的利他行動）と，人間の相互扶助との相違点は，人間が「赤の他人」をも含んで，国境を越えて他国民とも援助し合うという広がりを持つことである（災害などで援助された国が，次の災害時に，助けてもらったのだから今度は援助するといった，国際的な援助に拡大した例は多くある）。

相互扶助の基礎には「お互い様」という感覚と思想がある。この地点で，本書の命題「なぜ助けるのか」は，「なぜ助け合うのか」〔下線筆者〕に拡大することになる。この相互扶助は，お互い貧しい者同士が，という意味合いと，金持ちも貧しい者に向けて，という意味を含んでいることから，次に述べる社会連帯と比較して，どちらかといえば，保守的な意味合いに使用される。

社会連帯

2011年の「改正障害者基本法」において、第1条（目的）から「社会連帯の理念」が削除されたことは、多くの論議を呼んだ。この時以来、再度、社会連帯（solidarit_sociale：フランス語、social solidarity：英語）とは何であるかの研究が再燃したといえよう。[5]

社会連帯は、イギリスでは社会改良主義、フランスでは社会連帯主義といわれている。[6]

先述した相互扶助が比較的身近な（一部、国際的なものもあるが）関係の間の助け合いであるのに対して、社会連帯は制度面も含んで社会思想的な含みを持つ。社会保障の中でも特に社会保険の性格については、社会連帯の理念に基づいて社会的リスクを分配する一つの方法であるといえる。所得の再分配を行う累進課税などはその典型である。

偶然に豊かに生まれたか、否かによって、人生が大きく変わることを放置しておくのではなく、社会制度によってある程度、人生のリスクを修正しようとする「連帯」の思想なのである。

平等主義

「人間、皆同じ」という素朴な表現の元に、現代の民主主義社会では、日常生活において不平等に扱われると、人々は怒るようになった。しかし、伝統社会（階層社会）では、むしろ不平等が当たり前であった。「生まれ」「身分」が違うというわけである。

しかし、ルソー（Rousseau, J. J.）の『人間不平等起源論』によると、言語、教育、階層は何もなかった「自然状態」の人間には不平等は存在しなかった。[7] しかし人間が法律制度や所有権の制度を発明し、導入することによって、家族・親族などによって増産できた生産物の所有を巡って、不平等が発展することになるという。

平等主義を巡る議論として、平等を「機会の平等」（Equal opportunity, 機会均等）と「結果の平等」（Equality of outcome, Equality of results）に分けた考え

がある。後者は人生における生存競争の勝者である者の意欲・向上心を奪うことになるので，前者のように，人生のスタート地点における教育の機会の平等などを重視すべきだという意見が強くなってきている。

社会防衛

孝橋正一のいう社会事業の目的は「資本主義の温存・維持」である。施政者は労働力が無いまたは弱い者，もしくは種々の理由で労働できない者のための社会福祉施設など，本当は作りたくないが，建設した方が労働者の勤労意欲と能率を向上させることができると考える。

たとえば，労働者が職場から帰宅してみると，認知症の母親の糞便が部屋中に塗りたくってあって，それをきれいにするのに深夜2時までかかった。このようなことが連日起これば，労働の能率が極度に落ちる。ならば，老人福祉施設を建設した方が社会全体としては安くつく。

これは孝橋正一らが指摘する，いわゆる資本主義社会における社会保障の「譲歩論」である。古川孝順の社会福祉の二つの機能でいうならば「社会的機能」の一側面である（もう一つは，福祉的機能）[8]。なぜ「人」を助けるかという論点において，社会問題（犯罪など）の早い段階で手当てした方が結局，安くつく，といった考えがこれに当たる。

こうした費用は「空費」（無駄な費用）であるといわれてきたが，古川は，「資本主義経済にとっては必要不可欠の制度であり，……むしろ『必要経費』とみなければならない」[9]とする。

3 助けることを妨げるもの——差別

先述したような思想に基づいて「助けよう」としても，それを強力に妨げるものが存在する。それが差別である。しかし，差別は外の世界（社会・世間）にのみ存在するのではない。最も厄介なものが，自分が気づいていない「内なる差別」である。

差別の種類

我々の周りには，どのような差別があるのであろうか。その種類の数を多く思い浮かべることができるということは，それほど社会のいろいろな所に目が届いていることになる。逆に，思いつく数が少ないことは，社会への視野が狭いことになる。

では，差別にはどのようなものがあるのかを表3-1に列挙してみよう。

人間はなんと差別的な存在であろうか。しかし，まだまだ多くの差別があるに違いない[10]。

差別とは何か

こうした差別の種類に共通する「差別の本質」とは何であろうか。

- 数が多い方が差別するのか：南アフリカのアパルトヘイトは人口数ではない。
- 力（権力）を持つ者が差別するのか：弱い立場の者が逆に上に立つ思想がルサンチマン（復讐）である（ニーチェ（Nietzsche, F. W.））。
- 富（金）を持つ者が差別するのか：成金は逆にバカにされることがある。
- 能力の有る者が差別するのか：学校で成績優秀な子がいじめられることがある。
- 派閥（グループ）に所属していない者が差別されるのか：セクショナリズムの問題である。
- 見た目の良い者が差別するのか

第Ⅰ部 なぜ「人」を助けるのか

表3-1 差別の種類

差別の類型	差別の種類（項目）
A 金銭（貧困）	1貧困差別（貧乏人差別，女性の貧困，子どもの貧困）　2生活保護受給者差別　3ホームレス差別
B 生まれ	4非嫡出子差別（私生児差別）　5腹違い差別
C 家庭	6孤児差別　7一人親差別　8本家・分家差別　9施設児差別　10独身者差別　11主婦への差別
D 身体・健康	12障害者差別（身体・精神・知的［発達］）　13身体的差別　14美醜（容姿）差別　15肌色差別　16難病差別　17がん差別　18ハンセン病差別　19認知症差別
E 精神	20精神障害者差別　21精神病差別
F 年齢	22老人差別　23年齢（定年）差別
G 地域	24田舎差別　25方言差別　26部落差別　27南北差別（南北問題：発展途上国）　28基地差別　29食文化差別
H 国	30アジア出身への差別　31韓国・朝鮮人差別　32アフリカ出身への差別
I 人種	33アイヌ差別　34ユダヤ人差別　35黒人差別　36ロマ差別　37イヌイット差別　38混血児差別　39（広く）先住民差別
J 性	40女性差別　41男女格差別　42LGBT（性的少数者）への差別
K 職業	43職種・役職に関する差別　44非正規雇用差別　45会社の規模による差別　46水商売差別
L 学歴	47学歴差別　48夜間学校差別　49三・四流校差別　50留学生差別
M 能力	51成績（偏差値）差別　52優秀者への差別　53身体能力差別
N 思想・信条	54右翼思想への差別　55左翼思想への差別
O 宗教	56宗教（原理）主義への差別　57新興宗教（新宗教）への差別
P その他	58公害差別　59被爆者差別　60原発被害者差別　61犯罪者（前科者）差別

出所：筆者作成。

　以上のことからもっとも一般的に差別の本質を表現するならば，その社会での主流なるものが，非主流なるものを差別するということである。換言すれば，その社会における優位性の問題である。
　では，偏見と差別の相違点はあるのだろうか。
　オルポート（Allport, G. W.）は偏見を次のように定義した。[11]「偏見とは，経験以前に，または経験しないで，あることとか，人を好きとか嫌いとかということ」。
　オルポートは，米国で典型的な白人とユダヤ人の名で，リゾート地のホテル

を予約してみると，予約受付の確率に差があったという実験をした。最近の日本でも同様の方法で，日本人と韓国人で差があったという調査があった。

また，オルポートは偏見の五段階として，①回避，②誹謗，③差別，④身体的攻撃，⑤絶滅，を挙げている。

筆者は差別には，偏見という心の内部にとどまらず，差別の対象に対する不当な取り扱いや具体的な不利益（行動）が伴うと考えている。

差別の多重構造と展開
差別問題にはさらに難しい多重構造の問題がある。
・異なった差別の間の差別
たとえば，部落差別に反対する人が，家庭内などで女性差別をしている。また，黒人が障害者を差別するなどの例である。
・同種の間の差別
黒人の間で肌色の濃淡によってさらに差別される。また，身体障害者が知的障害者を差別するなどの例である。

フランスの社会精神医学者メンミ（Memmi, A.）は著書『差別の構造』の中で「差別」の構造をさぐり，差別の段階的な展開を記述している。貧困を例に述べてみよう。[12]

① 差異の強調

たとえば，「働かない（実は「働けない」）」が故に「貧しい」ことをその実態以上に「怠け者」として強調する。貧困者は通常の人とは異なっているという種々の姿を浮きぼりにする。そして過大報告や捏造がなされる。

② 差異に対する価値づけ

貧困は劣等な状態であり，また，「働かない」ことは悪であり，人間としての倫理から逸脱した行為であり，人格として劣悪であるといった価値づけがなされる。ここにおいては，裕福な「不労所得者」は含まれないという，貧富・階級によるさらに異なった差別が存在する。

③ 差別の対象の普遍化

たとえば，黒人を中心とするマイノリティ・グループに対する差別としての惰民観は，社会構造内の彼らの地位・身分等に対しては目を向けず，公的扶助世帯の中で黒人が高比率であるという事実によって，量的にもすべての黒人が公的扶助を受ける可能性があるとみなし，質的にもすべての黒人が惰民的要素を持つとして，普遍化する。

④　（貧困の）原因の断定

このように発展してきた差別は，貧困の原因は個人の性格にあると主張し，貧困者を惰民として断定する。

⑤　貧困者に対する差別・制裁・攻撃の正当化

かつての労役場（workhouse），救貧院（poorhouse）のごとき非人間的な処遇や，制度としての劣等処遇（Less eligibility）はこの段階での具体的な現象である。こうした古典的なものから，現代における公的扶助費の低さ，他に流用するのではという疑惑に基づく金券（voucher）での扶助費支払い（アメリカ・ニューバーグ事件）等まで，貧困者に対する差別・制裁等を正当化する。

立場による差別と内なる差別

差別を助長していることを本人が認識しないで差別してしまっている場合，この「立場による差別」であることが多い。

本多勝一は「側の思想」として，侵略する側は侵略される側を絶対に理解することはできないとした。このことは，社会福祉においても多々，「見学する側」と「される側」，「実習する側」と「される側」のように見られるのではないか。そして，「逃げられる者」と「逃げられない者」なのである[14]。

先述したように，差別が厄介なのは，自らの「内なる差別」に気づいていないことである。

内なる差別とは何か，それは次の内容の中の特に③，④を意味する。

①　外なる差別がある（社会の中での差別：先述の差別の種類の表）。

②　その中にいくつかについて，自分の中にもその差別があると自覚している。

③　しかし，いくつかに関しては，自分の無意識の中の差別に気づいていない

(差別していると思っていない)。
④　社会において，自分の意識とは別に，差別者の側に立ってしまっている（先述の「立場による差別」）。

　差別は学習されるという。家庭や学校や友人等から習うのである。であるならば，その後の学習によって，差別を自覚し，差別から逃れることができるはずである。次の言葉がそれを見事に表している。

　　「真理は汝らを自由にすべし」（ヨハネによる福音書8章第31～32節）

4　助けることの制度化——実現の手段

　本章第2節で述べたことは，総論的に「社会正義」に基づく救済の思想であるが，その思想を実践できるようにし，さらに確固たるものにするには，思想を実現するために「制度化」「システム化」することが必要である。その方策は，国際的・国内的に次のように法的根拠を求めることとなる。

人間尊重（生命尊重）の制度化

　生命尊重は，医療制度の充実で達成されるが，そこには人間尊重に基づいたインフォームド・コンセント（informed consent：正しい情報を伝えられた上での納得した合意）が必要となる。

　さらに広義となる人間尊重の実現には，憲法を中心とする幅広い法制度が必要となる。

　日本国憲法第13条（個人の尊重）は謳う。

　　「すべて国民は，個人として尊重される。生命，自由及び幸福追求に対する国民の権利については，公共の福祉に反しない限り，立法その他の国政の上で，最大の尊重を必要とする」。

　この条文に関して注目すべきは，個人の主観によって異なる価値を持つ「幸福」という理念が，法律の明確な用語として入っていることである。

　1960年代以降，社会福祉専攻の学生が「社会福祉とは何か」を問われれば，

憲法第25条の「生存権」の達成と答えれば，まず正解であった。しかし，その後の価値観の多様化の中で，(物質的) 欠乏に対する「充足」だけでは足りず，精神・心理・人間関係に対する「調整」が重視されるようになってきた。そのような傾向の中で，この憲法第13条の「幸福追求権」が新しい「社会福祉の目的」に入ってきたのである。

人道主義の制度化

　ヒューマニズムは日本語では他に人文主義，人間主義などと訳されるが，本章の「助ける」という課題からすれば，人道主義とするべきであろう。

　ヒューマニズムに関する古典となった『現代のヒューマニズム』（務台理作）によれば，「近代の個人的ヒューマニズムの限界」は「貧しさと戦争」など「人間と社会の困難な問題を，人間の善意と調和の思想に訴えるほかにない」ことにあるとする。[16]

　そこで務台は三つのヒューマニズムを構想する。第一に，ルネッサンスの「人文主義ヒューマニズム」，第二に，近代市民社会の「個人主義的ヒューマニズム」，そして第三に，現代の社会問題に対応する「人類ヒューマニズム」である。[17]

　そして，これらに共通するものは，「人間の生命，人間の価値，人間の教養，人間の想像力を尊重し，これを守り，いっそう豊かなものに高めようとする精神」であるという。[18]

　そのためには，各国の広範な文化・医療・福祉などの政策を必要とする。

人権思想の制度化

　これは，各国の最高法規・基本法において制定されるものである。わが国では憲法第3章国民の権利及び義務に人権と権利が明記されている。その第11条は「国民の基本的人権の永久不可侵性」を謳っている。

　国際的には，「世界人権宣言」（1948年12月10日制定）に規定されている。全30条の中には「人格」という語が3か所出てくる。全103条の日本国憲法には，

一つもない。この宣言の第29条は人道や人権の抑圧に対して特別の意味を持つ。その第1項は宣言する，「すべて人は，その人格の自由かつ完全な発展がその中にあってのみ可能である社会に対して義務を負う」。つまり，独裁・弾圧国家に対しては，納税や兵役の義務には服さないということである。「抵抗権」である。

また，その後，この世界人権宣言の内容を基礎として条約化したものが，「国際人権規約」であり，人権に関する多国間条約である。経済的，社会的及び文化的権利に関する国際規約（社会権規約，A規約）と，市民的及び政治的権利に関する国際規約（自由権規約，B規約）があり，いずれも1966年12月16日に第21回国際連合総会で採択され，1976年に発効した。

社会権規約の第11条は，相当な生活水準に対する権利，飢餓から免れる権利を謳っている。わが国において「なぜ人を助けなければならないのか」という理由は，憲法（第25条）に生存権が定められているから，という説明が成り立つ。またその生存権の手続法として「生活保護法」（他の社会福祉諸立法）が規定されているからである。

相互扶助の制度化

相互扶助は，「相身互い身（お互い様）」の精神，「情けは人の為ならず」の考えに立って助け合うことである。互酬性である。先述したクロポトキンは，相互扶助を「隣人しかも往々まったく見も知らない人に対する愛」よりも「遥かに広い，共同心または社会心の感情もしくは本能[19]」であるという。

システムとしての相互扶助はわが国の村落共同体では，美徳であると共に，その構成員を共同体で監視し，そこに縛り付ける役割も果たしてきた。隣保制度の基礎となる「向こう三軒，両隣」，「隣組」の考えである。

たしかに，この考え方は社会的に弱い人々を共同体で支える仕組みを生み出した。しかし，これには上に記したような弊害を伴っていたので，現代では，民主的で個人を尊重する「地域社会」，「福祉コミュニティ」として再構築されていこうとしている。

社会福祉法第4条（地域福祉の推進）では，以下のように記されている。
　第4条　地域住民，社会福祉を目的とする事業を経営する者及び社会福祉に関する活動を行う者は，相互に協力し，福祉サービスを必要とする地域住民が地域社会を構成する一員として日常生活を営み，社会，経済，文化その他あらゆる分野の活動に参加する機会が与えられるように，地域福祉の推進に努めなければならない。

社会連帯の制度化

わが国の「国民の社会福祉に関する活動への参加の促進を図るための措置に関する基本的な指針」（2000年改正）は次のように述べる。
　「社会にとっては，社会連帯や相互扶助の意識に基づき地域社会の様々な構成員が共に支え合い，交流する住みよい福祉のまちづくりが進むとともに，公的サービスとあいまって厚みのある福祉サービスの提供体制が形成される」。

この後段の「公的サービス」には，国内的にも，国際的にも福祉先進国においては，種々の方策を施行している。主なものは次のものである。
　①　累進課税
「富の再分配」による格差の是正を目指し，富裕層への税金を厚くして，それ以外の国民の生活等に回す政策は，各国の施行しているところである。しかし，その見直しを迫る富裕層や企業からの政府への働きかけにより，その税率を巡っては常に駆け引きが行われているのが実情である。
　②　社会保険
医療保険を中心に国民の健康を守る国民皆保険は，わが国においては1963年実施された。しかし，先進国においては，アメリカのように医療の無保険者が4700万人もいる実情がある。[20]1990年，ヒラリー・クリントン（Clinton, H. R.）はNASW（全米ソーシャルワーカー協会）と共にそれを改善しようとしたが，保守層に反対されて実現できなかった。2000年代になって，オバマ改革として部分的ではあるが，国民医療保険が実施されたが，「独立自助」を伝統とするア

メリカ国内には，なお根強い反対がある。

③　年金制度

先述したようにわが国では1963年に国民皆年金が施行されたが，その次世代送りの賦課方式が若い世代の負担を大きく増やすとして社会問題になっており，若年層の国民年金への加入率は3分の2程度を前後している。そこには将来的には年金がもらえないかも知れないという不安がある。

その見直しが進んではいるが，しかし，公的医療保険にしても，国民年金にしても，現在健康で生活不安のない人が「自分は支払ってばかりいる」という主張には，この社会連帯の精神が問われている。平等・福祉を中心とした社会正義の考えが必要とされる。

平等主義の制度化

憲法第14条第1項は「法の下の平等」を次のように謳う。

>　すべて国民は，法の下に平等であつて，人種，信条，性別，社会的身分又は門地により，政治的，経済的又は社会的関係において，差別されない。

（以下略）

また，国際人権規約・自由権規約第2条は下記のようにいう。

>　「この規約の各締約国は，その領域内にあり，かつ，その管轄の下にあるすべての個人に対し，人種，皮膚の色，性，言語，宗教，政治的意見その他の意見，国民的若しくは社会的出身，財産，出生又は他の地位等によるいかなる差別もなしに，この規約において認められる権利を尊重し及び確保することを約束する」。

社会防衛の制度化

これは，先述したように（本章第2節），孝橋理論でいうマイナスの視点からの救済の実施である。しかし，その解釈は別としても，国が国民の「生活構造の擁護」への義務としてそれを実行することには意義がある。

憲法第25条第2項はいう。

第Ⅰ部 なぜ「人」を助けるのか

「国は，すべての生活部面において，社会福祉，社会保障及び公衆衛生の向上及び増進に努めなければならない」。

以上，「なぜ人を助けなくてはならないのか」，または「なぜ税金で貧困者を救済しなければならないのか」という疑問に対する思想的な理由を説明し，その思想を実現するための主要な法的根拠を示した。しかし，そのことによって実際，「人が助けられる」こととは別である。

そこにはもっとも根本的には国民の真の理解を必要とし，それに基づく実行上（行政上）の制度と財源を具体的に必要とするからである。さらにその根底には住民意識や福祉文化や，社会福祉的人間観（労働力を中心とした効率至上主義でない人間尊重の人間観）に基づく社会福祉哲学が必要とされるのである。[21]

注・引用文献
(1) 秋山智久「人間尊重と生命尊重」秋山智久・平塚良子・横山穣『人間福祉の哲学』ミネルヴァ書房，2004年，43-44ページ。
(2) 小田亮『利他学』新潮社，2011年，121ページ。
(3) ヒューマニズム（humanism：人文主義；人間中心主義）と区別してhumanitarianismということもある。ヒューマニズムは「人間の人間性に対する敬意」である。リンドバーク，C.／佐々木勝彦・濱崎雅孝訳『愛の思想史』教文館，2011年，115ページ。
(4) 以下の権利に関する著述は，前掲書(1)，110-111ページ，より引用。
(5) 次のような指摘がある。「『社会的連帯』という手垢がついて誰も信じなくなった言葉に，援助の視点から実質的な意味を持たせる必要があるのではないか」。
（岩崎晋也「なぜ『自立』社会は援助を必要とするのか」古川孝順・岩崎晋也・稲沢公一・児島亜紀子『援助するということ——社会福祉実践を支える価値規範を問う』有斐閣，2002年，119ページ）。
(6) 社会福祉領域の「社会連帯」の研究として，フランスの社会連帯が，田子一民によってわが国に導入された経緯や，わが国での変化については，池本美和子『日本における社会事業の形成——内務行政と連帯思想をめぐって』法律文化社，1999年や，フランスの社会事業研究史における社会連帯については，林信明『フランス社会事業史研究——慈善から博愛へ，友愛から社会連帯へ』ミネルヴァ書房，1999年が詳しい。

また，社会連帯を障害者分野から総合的に検討している文献として，木全和巳「2011年改正『障害者基本法』における「社会連帯の理念」の削除について」『日本福祉大学社会福祉論集』第126号，2012年がある。

(7) それにしても，ルソーは不思議な人物である。教育論の『エミール』で人間の尊厳・素晴らしさを謳った彼が，1745年，時計の文字盤も読めない洗濯女ルヴァスールを愛人とし，10年間で5人［一説には4人］の子供を産ませ，5人とも養育院に入れてしまっているのである（芹沢光治良『レマン湖のほとり』新潮社，1975年）。したがって，ルソーは，自分の故郷スイスのジュネーブではほとんど尊敬されていない。ジュネーブ市民はむしろルソーを軽蔑している面もある。それぐらいの偉人であれば，あちこちに銅像が立っていてもよさそうであるが，市民の目から隠されるようにジュネーブの横にあるレマン湖にそそぐ川の中にあるルソー島という所に一つあるだけである［筆者は1999年に確認のためにそこを訪れた］。

(8) 前掲書(5)，12ページ。

(9) 前掲書(5)，16ページ。

(10) この差別の種類に挙げたもの以外にも，多くの差別があるであろう。またここに挙げたこと自体が差別であるという指摘もあるかも知れない。多くの方の教えを乞いたい。

(11) オルポート，G. W./原谷達夫・野村昭訳『偏見の心理』培風館，1968年。

(12) 秋山智久『社会福祉実践論——方法原理・専門職・価値観』（改訂版）ミネルヴァ書房，2005年，360-361ページ。

(13) 本多勝一『殺される側の論理』朝日新聞社，1982年。

(14) 前掲書(5)，191ページ。

(15) 先述（第2章第5節）した清水は，種々の利他主義を述べているが，その中で「制度的利他行為」という概念を使用している。清水隆則『ソーシャルワーカー論研究——人間論的考察』川島書店，2012年，140ページ以下。

(16) 務台理作『現代のヒューマニズム』岩波新書，1961年，ⅱ-ⅲページ。

(17) 同前書，71-73ページ。ここで興味深いことは，務台は，この第三のヒューマニズム＝人類ヒューマニズムは，ダーウィンの進化学の思想に基づく自然史観（人類の歴史を自然の歴史の延長とみなす史観）の上に立つとしていることである（73ページ）。

(18) 同前書，4-5ページ。

(19) クロポトキン，P./大杉栄訳『相互扶助論』同時代社，1996年，14ページ。

(20) その驚くべき実情については，堤未果『貧困大国アメリカ』岩波新書，2013年，に詳しい。

(21) 秋山智久「なぜ人を助けなければならないのか」大阪市立大学生活科学部出版編集委員会『生活科学最前線の90のトピック』中央法規出版，1999年，124-125ページ。

第Ⅱ部
援助するために必要なもの

第4章

ソーシャルワーカーに求められるもの

　第Ⅰ部においては,「助けること」の思想と制度を中心に検討してきた。
　第Ⅱ部においては,社会福祉実践において,具体的にソーシャルワーカーが「援助」する時に,何が必要かを検討する。
　ここで「助ける」と「援助する」という二つの表現があるが,これは本書第3章第1節の概念整理に従っているからである。要約すれば,「助ける」は「支援」であり,「援助する」は「援助」である。
　ソーシャルワーカーが「人」に関わる時に,何がその動機となるのであろうか,何が関わることを後押ししてくれるのであろうか。その代表的なものを次に考察してみる。

1　ソーシャルワーカーに必要な要素

　ソーシャルワーカーが「人」を援助する時には何が必要なのであろうか。
　筆者が全国のソーシャルワーカーに調査をした時の回答は**表4-1**の通りであった。[1]
　第1位は専門職として当然のことながら,上位から並ぶのは,人間としてのソーシャルワーカーの内面に関することが多い(それ以外は,5,7,9位である)。「ソーシャルワーカーの最大の武器は人間としての豊かさ」なのである(誰しも,悩んでいて,相談に行く時に,冷たい人,ギスギスした人の所に行きたくはない)。これら,ソーシャルワーカーの「内面」に関する事柄は,まとめて見れば「ソーシャルワーカーのあり方と価値観」ということができるであろう。

第Ⅱ部　援助するために必要なもの

表4-1　社会福祉専門職の実践に必要な要件

(複数回答可)

順位	必要なもの	%
1	専門的知識・技術の習得と応用	83.3
2	豊かな感受性や深い洞察力	69.7
3	人間尊重に立脚する価値観	67.9
4	仕事に対する情熱や使命感	58.4
5	豊かな実務経験	50.8
6	暖かいパーソナリティ	49.0
7	社会科学的視点	46.1
8	「対象者」に対する深い愛情	45.3
9	福祉運動への積極的姿勢	24.6

出所：筆者作成。

　ソーシャルワークの三大要素は，以前から「知識・技術・価値」と言われていた。その一例は，すでに1925年に山室軍平が，「社会事業家の要性」(後に同名で出版)という講演の中で三つのHと称してHead, Hand, Heartと述べたのは有名な例である。社会福祉の専門職性に関する多くの文献を検討した結果も，その行きつくところは「知識・技術・価値」を主要な要素とする専門職性である。そして，「社会福祉士及び介護福祉士法」の試験科目が求めるものも(価値を除いて)またここに落ちついているようである。

　三つのHはそれぞれに，「理論的体系」，「社会福祉の方法・技術」，「社会福祉における価値」と考えることができる。経済学者のマーシャル(Marshall, A.)の『経済学原理』序文に"Cool Heads but Warm Hearts"という言葉があり，「冷たい頭と熱い胸」と訳されている(一番ケ瀬康子)。しかし，この経済学者の指摘は，具体的な「援助の技術」(Hand)がこの中から抜けている。これが経済学と社会福祉学の大きな相違点である。

　そしてその後，国際的にも，ソーシャルワークの主要な構成要素は，knowledge, skill, valueであることは，再認識された。この三つの表現は，2000年7月29日から8月2日までの間，カナダのモントリオールで開催された国際ソーシャルワーカー連盟(IFSW)と国際社会事業学校連盟(IASSW)の合同会議において約10年ぶりに「ソーシャルワーク」の定義(概念)が再検討された折に，

第4章　ソーシャルワーカーに求められるもの

図4-1　社会福祉における価値・理論・実践

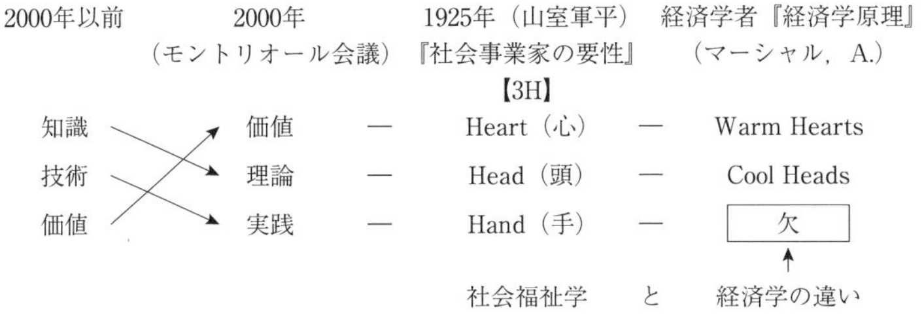

```
2000年以前        2000年          1925年（山室軍平）   経済学者『経済学原理』
              （モントリオール会議）  『社会事業家の要性』   （マーシャル，A.）
                                      【3H】
  知識    ＼  ／  価値    ―    Heart（心）    ―    Warm Hearts
  技術     ×    理論    ―    Head（頭）    ―    Cool Heads
  価値    ／  ＼  実践    ―    Hand（手）    ―    ［  欠  ］
                                                        ↑
                              社会福祉学      と    経済学の違い
```

　価値（value）・理論（theory）・実践（practice）と表現は替えられたが，その内容は同じことであった。ただし，従来，第三番目であった「価値」が，第一位になったことは，これら三つの評価の大きな変化であったと言えよう。

　まさにソーシャルワーカーは「すべての専門職の中でももっとも価値に基盤を置いた専門職[(4)]」なのである。

　以上のことを図式化すると図4-1のようになる。

　学問としての社会福祉学には，「事実の客観化認識」と「主体的価値判断」（嶋田啓一郎）が必要である。後者については，社会科学の最高峰LSE（ロンドン政治経済大学院）の学長も務めたダーレンドルフ（Dahrendorf, R.）も社会学者の責務は，研究・教育において「われわれの価値信念を公言すること」であると述べている[(5)]。

　以下，社会福祉の現場における価値について述べていく。

2　社会福祉と価値

　社会福祉の実践現場は困難な状況（労働条件・賃金等）にあるとよく言われる。そのことは，民間社会福祉施設で24時間365日の住み込み労働の勤務をしてきた筆者には実感としてよく分かる。一例とし，筆者が施設内の職員宿舎である冬の朝，目を覚ますと歪んだ窓の隙間から雪が吹き込み，枕元に雪が積もっていたことを記すだけでも理解できるであろう。

　こうした劣悪な労働条件にある社会福祉現場の実践を乗り越えるためには，

何らかの精神的拠り所が必要であると、これもよく言われることである。それらとして、思想、ヒューマニズム、愛の精神などが語られてきたが、それらの背景や根源にある「宗教（信仰）」について、社会福祉との関係で論じられたものは多くはない。

　それは、近代社会福祉学が、社会科学として、価値自由（Vertfreiheit）の立場から、研究に価値・価値観を持ち込むことを嫌ってきたからである。本節ではかつて筆者が論じたこの問題を、本節の書き出しとして簡潔に紹介しつつ、それに追加の叙述を行うこととする。

　社会科学と価値判断の問題は、社会福祉学の中では価値の問題をいかに捉えるかという課題となる。この課題を提起したウェーバー（Weber, M.）は『職業としての学問』の中で次のようにいう。

　　　　トルストイいわく、学問「それは無意味な存在である、なぜならそれは吾人にとって最も大切な問題、即ち吾人は何を為すべきか、如何に吾人は生くべきか、に対して何ら答ふるところがないからである」。

　科学が客観的な事実の確定のみを行い、「いかに生きるか」に答えない、つまり価値観を語らない学問がいかに無意味であるかを語る言葉であるが、社会福祉実践においても、「いかに実践するか」「如何なる価値観を持って実践するか」に対して同様のことが言える。社会福祉実践は単に社会福祉制度に関する客観的知識（たとえば法律知識）に基づいて無機質に実践しているわけではない。そこには、人生の苦しみと痛みを抱えた、弱い立場にいる「人」に対して働きかける側の「止むに止まれぬ想い」（小林提樹）や、健常であることや普通に暮らせることへの「後ろめたさ」があり、そこにこそ、実践の思想や愛が存在するのである。

　社会福祉学界においては「社会科学としての社会福祉学」という規定が社会福祉学のあたかも数学の公理の如くに疑われずに来た歴史が今日もなお存在する。筆者はそれを「社会科学の呪縛」として疑問を持ち、人文科学や行動科学をも含んだ総合科学としての社会福祉学のあり方を主張してきた。

　われわれ社会福祉研究者は、社会福祉学の上に立って、単に物事を客観的に

観察，分析，調査するに留まらず，「働きかける」という社会福祉実践を理論化するという使命を持っているのである。実践のない社会福祉は有り得ないし，実践には価値に基づく評価的な態度決定がなければ動けないのである。

筆者の指導教授であったコノプカは，先述したように「ソーシャルワーカーは事実と価値の双方の世界に住んでいる」と述べ，また，彼女の博士論文『エドワード・C.リンデマンと社会福祉哲学』には，リンデマンの「価値概念の含まれた事実」（fact infused with value）という言葉を引用している（例；倒れているのは「木」でなく「人」である）。

先述した「事実の客観化認識」ということは，学問の一つの使命であるが，同時にそれを基にして「対象（者）」にどのように働きかけるかは，ソーシャルワーカーの「主体的な価値判断」に依るところが大きい。山室が指摘する3H（Head, Hand, Heart）をもって実践するのであって，「理論・技術・価値観」のいずれをも要するのである。繰り返すが，国際ソーシャルワーカー連盟は，その世界大会（2000年）において，ソーシャルワークの三大要素を「価値・理論・実践」として，価値を最初に掲げているのである。

しかし，社会福祉における価値研究の状況は，英米の場合，社会福祉（原論）の16.6％に価値に関する章の名称が登場しているが，日本では3％ぐらいである（秋山の調査による）。この16％と3％の違いはいったい何であるか。ここに先述したように社会福祉学は価値自由を求める「社会科学」であるという無理な規定があったといえよう。

筆者は，ソーシャルワークの視点と価値（五つの視点）を述べたことがあるが，その中の一番目にあらゆる人間を「すべてかけがえのない存在」として尊重するという立場（「日本ソーシャルワーカー倫理綱領」の中より）を掲げている。

重症心身障害児であろうと，認知症の高齢者であろうと，「すべて」である。この人間観は他の援助専門職（helping profession），たとえば，法曹家，医者，教育者等とは異なった側面を持っている。それぞれ他の専門職は現実への対応において，対象とする人間にある種の制限を設けているが（例えば禁治産者，治療重視，教育可能など），社会福祉は「すべてかけがえのない存在」として人間

表4-2　諸専門職の中心的な価値観と，援助対象の限界

		中心的な価値観	援助対象の限界
1	教育者	人間の成長（知徳体）	教育不可能
2	法律家	正義と良心	法律無能力者・禁治産者・法律なし
3	医者	心身の健康・治療	治療不可能・植物状態患者・不治永患
4	聖職者	魂の救済	異教徒・異端者
5	社会福祉専門職	人間尊重に立つ全人的援助 社会生活上の基本的ニーズの充足	無し 【すべてかけがえのない存在】

注：「かけがえのない」のかけがえとは，代わりという意味である。
出所：筆者作成。

を尊重するという立場をとる。おそらくそれに一番近い立場の援助専門職は聖職者であろう。その相違点を表4-2に掲げておく。[14]

以上，述べてきたように，社会福祉実践は「価値」観がなければ実践できないのであるが，その価値観を育てるものの内容を次に検討してみよう。

3　ソーシャルワーカーの価値観を育てるもの——感性と共感

感性（感受性）

これは，他人の痛みへの想像力，「他者への痛覚」といってもいいであろう。

社会福祉実践の大前提は，「その人の立場に立って考える」(Start at the point where the client is.) である。大学生の多くは，社会福祉専攻であろうと，自分の立場からしか考えられない。一例として，人生に何が大切ですかという問いに，家族・愛・金という答えはあっても，自分が元気であるから，「健康」という答えは思いつかない。

金子みすゞの「大漁」のように，鰯にまでも感性をそそぎ，「ばあやの詩」のように話さなくなったばあやに心痛めるといった感性は，「人」にも向けられるのであろう。

そこには他人の痛みを自分の痛みとして感ずる「他者への痛覚」がある。「明日はわが身」であり，「他人事(ひとごと)でない」という気持ちがある。

この悲惨な人生は自分のことにもなるのだ，それは「他人事でない」(一番ヶ瀬康子)，「止むに止まれぬ思い」がある (小林提樹) などは心痛める感性から出る言葉である。

共感的理解

感受性は少し知的に転ずれば，他者理解・共感的理解ということになる。

しかし，「理解する」とはどういうことか。「わかる」といっても，その表記は，解る，分かる，判る，と書くことができ，それらの意味は異なる。

「共に生きる」ということが言われて久しい。だが，これまた，どういう内容なのであろうか。単に，「人のために」が傲慢な響きがあるから，言い換えたのに過ぎないのであろうか。また，よく現場で言われる「寄り添う」という優しい表現であるが，果たして本当に「寄り添う」ことができるのであろうか。目の前で訴えている「人」が居るのに，ローテーションで勤務時間が終わったからといって，次のワーカーにすぐ引き継いで帰宅することはないのか。また，ややこしい問題は，他の機関・施設に移送すれば「一件落着」になるのではあるまいか。ワーカーは「逃げ出したくなる」ことはないのであろうか。

人間としてのソーシャルワーカー自身の「弱さ」がそこにある。

ここで，注意しておかなければならない指摘を挙げておこう。

共感の原理について，セン (Sen, A.) は，カントと同じように同情や共感という原則も利己主義の一形態とみなす。共感は，一見，困っている他人のために為す行為であるが，その陰には「自分のために (自分の利益)」という無意識の意図が隠されている。だから，広義にとらえるとこれらも自分の利益に即した行為だという。[15]

愛の二つのタイプ

「愛」には多くの種類がある。自己愛・恋愛・家族愛・友愛・隣人愛とあれば，その定義は容易ではない。多くの思想家は，感情である恋と違って「愛は意志である」とした (フロム, E. S. 『愛するということ』)。しかし，意志にとど

第Ⅱ部　援助するために必要なもの

まらず，「愛とは，意志に基づく行為である」とすべきであろう。

　思いだけか行動を伴なうのかのように，「愛すること」には二つのタイプがある[16]。一つは，抽象的・観念的に人を愛することができるタイプである。

　一例としてすでに述べたルソー（Rousseau, J. J.）を挙げる。ルソーが書いた『社会契約論』，『人間不平等起源論』は，人間の美しさを称え，社会の民主性を訴えたがゆえに，自由・平等・博愛を旗印にしたフランス革命を導いた思想家である。彼の思想的根拠があったから，フラソス革命は成功した。まさに近代の夜明けの時である。そのルソーの私生活はまことに奇妙であった（本書第３章・注(7)参照）。

　それでいて人間は素晴らしい，人間は平等である，ということを書く。ルソーの書いた教育論『エミール』は，人間の尊厳，人間の素晴らしさを問い続けている。しかし，ルソー自身はそういう不可思議な行為をした。それは一体なぜなのか。インチキなのか，でたらめなのか，詐欺なのか，それとも思想というのはそういうものなのか。「にもかかわらず」書けたのか，「だから」書けたのか，たしかに不思議である。それではルソーの言ったことは全く大嘘で全くでたらめなのかというと，そうは言えない。ルソーの思想は世界史を変えた思想である。これは人間を「抽象的・観念的に愛する」ことのできるタイプである。

　もう一つは，人間を「具体的・実際的に愛する」ことができるタイプである。多くの社会福祉実践者はこのタイプであろう。同様に，一例としてマザー・テレサ（Mather Teresa）を挙げる（マザー・テレサは「我々はソーシャルワーカーになってはいけない」と言ってはいるが）。

　彼女は次のように行動する……私は目の前で苦しんでいる人に働きかけます。そしてその働きかけが終わると次の人に働きかけます。そしてまた隣の人へと……。「私は集団を相手にしているのではありません」。ましてや人類を相手にしているわけではない。目の前のただ一人のこの人である。これは具体的・実際的に人を愛することのできるタイプである。

　愛には，いろいろな愛があるとして，その先には，そのような愛に基づいて，

第4章 ソーシャルワーカーに求められるもの

どのように働きかけていくのか,どう動くのかという課題が突きつけられるのである。

しかし『愛は全ではない』(Love is not enough：ベッテルハイム著),愛はすべてではなく,それを支える幾つかのものが必要である。

「正義は愛に先行するが,愛は正義を全うする」[17]とは,故・嶋田啓一郎教授の愛唱句であった。元は,ブルンナー（Brunner, E.）の言葉である。正義とはブルンナーによれば「各人に対して,彼に属すべきものを正しく分与すること」であり,「それは善としては,低次の段階のものではあるが,それなくしては狭義の宗教的愛は成立し得ないという意味で,基本的善である」[18]。

NASW（全米ソーシャルワーカー協会）の『エンサイクロペディア』にはアドボカシー（権利擁護と生活擁護）の到達点の一つに明確に「社会正義」を挙げている[19]。

次にこの愛と社会福祉の関係についてもう少し説明していく。

4　社会福祉実践と愛

社会福祉実践における愛

社会福祉実践は,「愛」と関係がある。社会福祉実践は単に,人間に働きかけるのに必要な「知識と技術」だけで行われるのではない。他の対人的な職業（商売など）ならば,それで済むかも知れないが,援助専門職にはもっと異なった内面的な動機があるはずである。単に自己の生計を立てる以外の動機（価値観）がある。

こうした社会福祉専門職（ソーシャルワーカー）の内面の価値観を「愛」という側面からみていく。

社会福祉実践は,ソーシャルワークやケアワークによる働きかけが義務的になされるものでもなければ,単に社会福祉制度に基づく事務的な行為だけでは説明のできない人間の営みであって,たしかに働きかける側の内面的な動機に関係がある。それをどう名付けるのか,使命感か,憐れみか,ヒューマニズム

か。

　ともあれ，何らかの人間な内面的な動機がそこには必要とされる。

　あれ程，「愛」，一面においては自己愛，恋愛として顕れる「愛」に一心である人間が，時にはなぜ自らを削ってまでも「赤の他人」に働きかけようとするのであろうか。これを社会福祉実践の中核に存在する「隣人愛」と捉えることができる。

　「人間は泣きながら生まれ，もだえ苦しみながら生きて，一人で死んでいく[20]」という。このことは古くはシェイクスピア（Shakespeare, W.）が『リア王』で示した表現「人間は泣きながら産まれてくる」と同じである。この孤独な世界において，終生，孤独なままであるならば，人間は生きることに耐えられない。ましてや，何らかの不幸な問題に遭遇している個人は，さらにその通りである。

社会福祉おける「愛」の位置

　愛は，価値の一つである。その価値を，「社会科学」としてその性格を誤って規定してきた社会福祉学は，社会科学故の「価値自由」の呪縛を受けて，価値観等の検討することをやむなく排除させられてきた歴史がある[21]。今日では，そこから解放されて，社会福祉研究に価値や倫理の研究がしばしば登場するようになってきた。国際的にも，国際ソーシャルワーカー連盟によるソーシャルワークの三大要素は，「価値（Value）・理論（Theory）・実践（Practice）」と規定されたことにより[22]，もはや「価値」を排除する社会福祉学の態度は認められない（本書59ページ参照）。

　社会福祉における「価値」の中で，愛と並べられるものが正義である。前出の嶋田啓一郎は，ブルンナーの言葉「正義は愛に先行し，愛は正義を全うする」をよく引用して，正義は人間社会の基礎を形成するが，平等や社会保障における正義の遂行だけでは細やかな人間の生活や内面を豊かにすることはできないという。ところが，その愛と正義さえも，そろって否定する見方がある。脳性麻痺の団体「青い芝の会」は，「われらは愛と正義を否定する」という（横田弘『障害者殺しの思想』）。つまり，愛も正義も健常者を守るために健常者に

第4章 ソーシャルワーカーに求められるもの

表4-3 愛とは何か（恋との比較）

恋	感情	高揚するフィーリング	一時的	相手の持っている価値	条件付きの愛	Haveの世界
愛	意思	努力による行為	永続的	相手の存在への感謝	無償の愛／無私の愛	Beの世界

都合よく使われてきた理念であるというのである。

しかし、関わる側が優位な位置から、余裕を持って「愛する」のが「愛」ではない。その痛み・負い目・責め・傷つきやすさ・加害者意識・赦しへの謝罪を感じ、さらに差別者であった、そして今もあり続けている自分を深く自覚しながら、それ故に本来、「共に」あり得ない者が共にあることを願って探り続ける、共に生きる道を求める、「共生への漸近線」への姿勢があるのである(23)。

「価値」を扱うことを社会福祉研究において社会科学の立場から、否定してきた代表的な見解は孝橋正一『続社会事業の基本問題』にある。孝橋は、「社会事業的実践」を五つの体系に分類し、最初の四つの体系、即ち、①経験主義的行為、②臨床主義的行為、③日和見的実践、④実用的・実際的行為、を間違いとし、正しいのは、⑤社会科学的実践、であるとした(24)。そして、価値を課題とする「社会事業」研究の体系を「愛情論的体系」、「人間関係論的体系」として批判したのであった。

しかし、社会福祉実践の現実の場において、社会福祉従事者自身はどのように考えているのであろうか。筆者による社会福祉専門職全国調査によると、「実践に必要な内面的な要素」は、先述した通りである（表4-1）(25)。

1位は、科学的実践としては当然であるが、ここに掲げた2位以下は、正に「価値」であり、8位には明確に「愛」が登場する。

日本人にとって、「愛」は誤解されやすい。愛の代表は恋愛だと思ってしまうからである。エロスとアガペという言葉からの違いが基本的にないからである（表4-3）。

この「愛」への誤解を、ペック（Peck, M. S.）『愛と心理療法』(26)や、フロム（Fromm, E. S.）『愛するということ』(27)の中から、整理してみると次のように三点が浮かび上がる。

65

① 恋を「愛」だと思うこと

恋の当事者には，高揚する「全能感」とその雰囲気に対する「幼児的一体性」を持つという。そして，恋は，後述する「愛」と異なってエロティックで性的な体験や感覚を含み，一時的な体験にすぎないという。

しかも，恋は楽しい想いだけではない。万葉時代は恋を「孤悲」と書いた。

② 依存性を「愛」だと思うこと

愛とコントロール（支配）との混同がある。たとえば，自分の子どもに対して，しつけをしている中で，必要以上のコントロールを，子どもへの愛だと勘違いしていることが多々あるのである。

③ 「愛」は燃える感情であると思うこと

特に「許されない愛」などはない[28]，と愛の至上主義に傾倒したい若者は，愛はフィーリングだと思っているが，愛は継続する意志なのである。

自己愛と利己愛

集団写真ができあがってくると，真っ先に見るのは自分の顔である。人間は強烈な自己意識に捕らわれている。率直な自己愛の表れである。五木寛之は，精神科医である和田秀樹の『〈自己愛〉の構造』（講談社，1999年）の中から，生後三日目の赤ちゃんが枕元の自分の母親のブラジャーと他の母親のものが分かる，ことを紹介している[29]。

自己愛は大切である。社会福祉実践においても，石井十次は岡山博愛会の経験から，孤児で育って施設から卒業して同施設の保母になった人と，他の高等教育を受けて保母になった職員を比較して，「自分を愛した者が他人を愛することができる」ことを学んでいる。

基本的には聖書が「自分を愛するようにあなたの隣り人を愛しなさい」（ルカ10：27）と説くように，自己愛がまず存在するのである。また哲学の視点から，人間の徹底した自己愛の姿に到達したのは，デカルト（Descartes, R.）の「我思う，故に，我有り」ではないのであろうか。しかし，自己愛をキーワードとして現代社会の病理を分析した米国精神分析の父と言われるコフート（Kohut, H.）は，それが高じるとき，そして，自分が無視されたとき，「自己愛憤怒」という激しい，執念深い攻撃性が生じるという。

　それが，この自己愛が間違った形で表れて，自己愛＝利己愛としたものが，利己主義（エゴイズム）である。ギリシャ神話の美青年ナルキッソスの逸話（自分の水面に映った顔を見つめ続けていて他人を目に入れず，ついに水仙［narcissus］になってしまった）というナルシズムの語源にもあるように，ナルシストの特色は，自己が絶対であり，そこには，自分中心の世界しか存在していない。単純な自己愛と他者への愛との混乱を描いた名作は，石川達三の『稚なくて愛を知らず』である。

　自己愛には，前述したペックの次のベストセラー『平気でうそをつく人たち──虚偽と邪悪の心理学』の副題にも顕れる「邪悪」な人間の姿が潜んでいる。邪悪な人とは，懇願でも脅しでも，どんな方法を取っても自分の思いを達成しようとする人であり，そこにあるのは，自分が絶対に正しいという自信と，自己愛であるとペックはいう。

　しかし，キリスト教は，自分が絶対に正しいというその頂点において間違っていることがある，ことを教えてくれている。そして，善導大師は，ただ念仏する（専修念仏）ことを重視したが，その教えの中に，他者に関わる愛の中に潜む悪を指摘している。それが「雑毒の善」＝どうしようもない「他者加害」である（親鸞『浄土文類聚鈔』）。

　しかし難しいのは，自己愛があっても，なお自己否定・自己無用感は存在することである。虐待などで親から離れて成長せざるを得なかった，児童養護施設の児童たちが書いた作文集『泣くものか』（亜紀書房，1977年）の中や，ハーディー（Hardy, T.）の名作『テス』（1891年）の中には，最大の自己否定の言葉が存在する。いわく「自分なんか，産まれて来なければよかった」。

　こうして見れば，真の自己愛とは，自らを愛し，自らの成長を願い，また他の人や自然への優しさを育てるものなのであろう。

第Ⅱ部　援助するために必要なもの

利他愛（altruism）

　こうした愛の諸相を見るにつけ，これ程までの強い自分と周りへの執着を持つ人間が，そしてしばしば，利己愛から他者をも侵す恐ろしさを持つことのある人間が，なぜ，自分の利益を離れて，ある時には，自分（の命）をも捨ててまでに，他人のために尽くそうとするのかを深く考えざるを得ない。そして，ここにこそ，社会福祉における愛，つまり利他愛の秘密が存在するのである。

　「人間の本能は，完全に自己中心的なものではない」と，20世紀最大の知性といわれたラッセル（Russell, B. A. W.）は述べている。私利私欲の姿が膨張している今日の人間の姿を見る時に，ほっとする言葉である。自己中心的な態度から逃れるためには，自分の内側に向いている関心を外に向ける必要がある。自分を飾ることに多くの関心を持ち，ネールアートなどに熱中する一部の人に対し，筆者が勤めていた児童養護施設の中学三年生の男児が言った言葉は強烈である。

　　「もし自分が結婚するとしたら，手が荒れて，汚れている女の人とするよ」。

　日常，手を汚して世話してくれている保母さんの姿を見ているのである。物も掴みづらいネイルアートや付け爪は，労働に適した手ではないと思ったのであろう。ラッセルは言う。

　　「早くから自分自身をこえて，自分だけのために生活しないということ……利己主義は常に一つの弱点であり，ただかずかずの弱点を生みだすのみである」。

　しかし，「ただ人のために」と頑張り続けるのも問題である。ヒルティ（Hilty, C.）は言う。

　　「人類のみに奉仕する高貴の人たちはすべて，ひどく倦み疲れるものである。これが……いわゆる『ヒューマニズム』の欠点である」。

5 宗教における愛

　この利他愛を考える時,「自分にはとてもそのようなことはできない」と思う弱い人間（自分）がいる。しかし，その自分の弱さを抱えつつ，さらに他者の弱さと連帯しようとする時に，弱い自分の中だけで考えずに，その弱さを認め，励ましてくれる「絶対者」との対話の中で自らのあり方を見つめることができる。

　多くの社会福祉従事者が，困難な労働条件の中で耐え忍んで働くことができるためには「心の支え」が必要であると言ってきた。そこにある一つの姿が，人間だけが持つ「理性」が絶対者と結びついて現れる「宗教」に関連する愛がある。愛の中で隣人愛ともっとも深い関係にあるのが，宗教における愛である。それはどのようなものであろうか，その根拠を三大宗教の中で探ってみる。

仏教における愛

　パーリ語の原始仏教経典『法句教』（ダンマパダ）は，もっとも初期の釈尊の教えを表している。その中に顕れる釈迦の教えは「人は愛してはならない」という。愛とは「厄介で困った感情[34]」なのである。ならば，愛の代わりにどうするのか，それが慈悲なのである。

　① 仏教における五つの愛

　仏教には次のように「愛」は五つに説明されている[35]。

　a．情愛（ピア）：自分自身に対する愛，自己愛である。血縁的な愛（家族・親族を含む）である。500人もの子どもを持ちながら，他人の子を襲っていた鬼子母神に対し，釈迦がたった一人の子どもを隠すと狂乱してわが子を探す姿がこの例である（本書25ページ）。

　現代の科学を根底から変えたといわれるドーキンス（Dawkins, R.）『利己的な遺伝子』（1976年）は，人間の利己心の根源を示している。

　b．友愛（ペーマ）：血のつながらない人，友人に向けられた愛である。

c．恋愛（ラティ）：特定の人に対する愛であり，日本語では「惚れる」という感覚である。

　d．性愛（カーマ）：肉体的な愛であり，「婬」である。

　e．渇愛（タンハー）：サンスクリット語でトリシュナー「渇き」を意味し，人間の根源的な欲望，満たされることのない欲望の姿をいう。

　1955（昭和30）年，有島武郎が『愛は惜しみなく奪う』（新潮文庫）と表現した人間の姿である。

　ヴァスバンドウ（世親）は『倶舎論』に，「餓鬼に三種あり」という。無財餓鬼，少財餓鬼に次いで，三番目に「多財餓鬼」がある。いくらでも欲しいという無限の欲望をいう。愛とは本質的にエゴイズム，執着心なのである。

　先の『法句教』（ダンマパダ）はいう。「渇愛より憂い生じ，渇愛より怖れ生ず。渇愛を離るれば，憂いなし。なんぞ怖れあらん」。

　この根源にある渇愛が，その飢えを癒すために，他の諸々の愛を求めるのである。

　②　慈悲の意味

　五木はある体験を述べている。慈悲を通訳が love と翻訳したという。しかし先述したように仏教では愛と慈悲は異なる。「仏教は智慧と慈悲の教え」[36]なのであり，「愛という言葉はフランシスコ・ザビエルによってキリスト教が伝えられるまでは，日本にはなかった」[37]という。そこで宣教師たちは love を，「お大切」という言葉で置き換えていた。

　「慈」とは，サンスクリット語でマイトリー「友情」を表す。これを仏教界では伝統的に「与楽」と表現してきた。この語の背景には「ミトラ」，つまり仲間・友人・朋友・兄弟の間の励ましの愛がある。

　「悲」とは，サンスクリット語でカルナー「呻き」を表す。同様に「抜苦」と表現してきた。慰めの愛を意味する。慈悲とは，苦しみ，悩み，呻き，のたうちまわっている人間を，じっとみていること，である。「ただ自然に湧き上がってくるものが，相手に伝わっていくという無言の愛」[38]であるという。悲しいと言えば，そうでしょうと応え，苦しいと言えば，そうですね，と応ずる仏

像の無言の「優しい微笑み」なのである。

イスラームにおける愛
① イスラームの現況

現代社会において，もっとも信者を急激に増やしているのがイスラームである。

今日，世界のイスラームの状況は，世界人口の中で，13～16億人がムスリムであり，主要なイスラム国としては，インドネシアで1億9000万人，インド，パキスタンで各1億1000万人，イラン，トルコ，エジプトで各6500万人，中国2500万人である。2020年には，キリスト教を抜いて信徒数で第1位の宗教になると予想されている。その理由は何か，その一つに信徒間の相互扶助の厚さが挙げられている。この相互扶助から，イスラームにおける「愛」を探ってみたい。

その根拠となるのは，イスラームの聖典（イスラーム法の法源）であり，9世紀のイスラム法学者シャフィイーによる。これには次の二つがある。

a．第1法源『クルアーン』（コーラン）：神から22年にわたって，ムハンマドに啓示された啓典であり，全114章，1章に3～286節，から成る。

これは，一言一句，紛れもない神の言葉，（アラビア語のみ）であり，翻訳は便宜上の解釈にしか過ぎない。

したがって，キリスト教のように聖書を批判的に分析することは許されない。

b．第2法源『ハディース』：ムハンマドの言行録である。ムハンマドの570年頃～632年の間，62歳の間の言行の記録である。これは二つの内容に分けられる。

一つは，伝承の経路（イスナード）である。教えの中に，虚偽や風説が入らないように，伝承の経路を明確にしたものである。マタイの福音書第1章第1節のようなものである。

二つ目は，その内容つまり伝承の本文である。これを「マトン」という。この中に，後述するようなザカートやサダカの具体的な内容が示されている。たとえば，施与の対象となる8種の人々などである。

② イスラームの社会福祉実践

こうしたイスラームの法源に基づいて，規定または推奨される社会福祉実践は，次のような枠組みの中で考えられている。

イスラームにおいて，人間そのものの行為は，イスラーム法によるムアーマラートとして，次の五つの範疇に分類されている。

(1)義務行為（礼拝・断食など），(2)推奨行為（自発的喜捨・奴隷解放など），(3)許容行為（日常行為の大部分—飲食・売買など），(4)忌避行為（離婚・中絶など），(5)禁止行為（偶像崇拝・飲酒など）。通常，実定法で規定され，イスラーム法での罰則規定があるのは，(1)と(5)である。

この中で，愛に関連する行為が，(2)である。それに関して，「規範」として要求されるイスラームの儀礼的規範はイバーダートと呼ばれ，次の五つの行がある。

(1)信仰告白（シャハーダ），(2)礼拝（サラー），(3)斎戒（断食—サウム）；斎戒（ラマダーン月）は，日中における断食と禁忌であり，飢えた人，貧困者の苦痛を思いやる機会となる。(4)喜捨（ザカート），(5)巡礼（ハッジ）。この中で(4)が本節のテーマ「愛」にもっとも関連している。

イスラームの社会福祉実践の考え方やその根拠の主たるものは，次の二つである。

③ 施与：喜捨（きしゃ）

イスラームの96の徳目の一つである。その喜捨も次のように，二つに分類される。

　a．ザカート（義務的喜捨）：ザカートは，義務的喜捨である故に，制度喜捨（定めの喜捨）であり，ある種の宗教税である。

その内容は，次のような具体策で示すことができる。

・1年を通じて所有した財産への一定率の支払い義務＝宗教税であり，金銀・貨幣の2.5％である。現在では，信者が自由に額を定めて支払う。
・対象は，貧困者，困窮者，旅行者などであり，信者同士の相互扶助である。
・イスラーム団体，慈善団体を通じて徴収・分配する。

・イスラーム銀行，喜捨を集める口座開設している。
・その使途は，貧しい巡礼者，托鉢修行者，借金を返済できない者，乞食，貧しい旅行者，新規改宗者の援助に用いる。

　b．サダカ（自発的喜捨）：サダカは，自由喜捨であり，任意で自発的な喜捨である。その具体的な内容は次の通りである。
・常に顔を合わせているような間柄同士での互助システムである。
・金銭の施しのみならず，慈善行為も指す。
・困窮者の救済だが，家族・親族も含まれる。
・ラマダーン期間中は，神によって倍に評価されるとして貧困者などへの施しが盛んとなる。

　④　もてなし（ディヤーファ）
　同じイスラム教の同胞への愛であり，ムスリム同胞団などが行い，政府より対応の早い福祉活動として大衆の支持を得ている。
　それは，神への畏れ（タクワー）から出ており，「神と人間は主従関係にある一方，人間同士の関係は平等であり，同胞を愛し，貧しい人を助けるという教え——このイスラームの相互扶助の教えが多くの人を惹きつける理由[39]」である。

キリスト教における愛
　①　三つの愛
　良く知られたことなので，概要だけを示す。
　a．エロス：理由付きの愛，条件付きの愛である。自分にとって価値や意味ある者だけを愛する愛である。I love you because 〜．である。「求める愛」である。人間的な価値観，欲望が付随する「肉欲」である。Have の世界である。しかもエロスという語はギリシャ語聖書には全く現れない。
　b．フィーリエ：人はエロスでなくても，友情の愛を示すことができる。太宰治『走れメロス』に示されている愛である。アリストテレス（Aristotelēs）が指摘した友愛の発展である。
　c．アガペ：無条件の愛，無償の愛，絶対の愛であり，これが動物とは異な

った人間の理性（社会学でいう「赤の他人」に対する愛を実行できるのは，動物の中でヒトだけである）に基づく愛である。

「自分を愛するようにあなたの隣り人を愛しなさい」（ルカ10：27）という聖句の実行である。「与える愛」である。人間的，世俗的な価値に乏しくても，価値を超えた相手の存在を喜ぶ愛である。Be の世界である。

哲学者カント（Kant, I.）は言う。「全て諸物は価値を有するが，ひとり人間のみは尊厳を有する」と。

人間の尊厳を思い，「最底点における人間肯定」(40)を行う愛である。

筆者が創設から関わっているある重症心身障害児施設の話である。一人の子が誕生した時に，医師や看護師はその母親がショックを受けるのを恐れて，数日間，子供を見せなかったが，これ以上，時間稼ぎができなくなって，その事実を告げた際，母親は，次のように言ったという。

　「だからこそ，どうして早く教えてくれなかったの。母親である私が早く抱いてあげる必要があったのに」。

また，『五体不満足』（講談社，1998年）の著者・乙武洋匡が産まれた時に，母親は「なんて可愛いんでしょう」と言ったという。無償の愛である。

以上，述べてきたように，日本語の漢字「愛」には多様な意味が含まれるので，新しい造語を作って，上記の三つを表そうとする試みもある。漢字に，獣偏，人偏，示偏を加えて，「獶，偊，禐」と三つの愛とするものである。

② 善きサマリア人（びと）の例え

信仰には行為が伴うか否かに関しては，信仰義認と行為義認の二つの立場がある。しかし，社会福祉実践に関しては，行為の無い実践はあり得ない。イエスはいう。「行って，あなたも同じようにしなさい」（『新約聖書』ルカによる福音書10：30）。

法華教を信じた宮沢賢治の有名な詩「雨ニモマケズ」にも，「行って〜する」ことの重要性が次の通りに描かれている。

　「東ニ病気ノ子供アレバ　行ッテ看病シテヤリ，西ニ疲レタ母アレバ行ッテソノ稲ノ束ヲ負イ，南ニ死ニソウナ人アレバ，コワガラナクテモイイト

イイ，北ニ喧嘩ヤ訴訟ガアレバツマラナイカラヤメロトイイ――」

③　神のペルソナ

社会福祉の狭義の「対象者」，たとえば，路上の物乞いに対し，働きかけるか無視するかを仮面（ペルソナ）の下からイエスが見つめている。

「最も小さな者のひとり」「最後のただ一人」に関わることの重大性は，キリスト教社会福祉では常に説かれることの一つである。「これらの最も小さな者のひとりにしたのは，すなわち，私にしたのである」（マタイ25：40）の聖句に基づく。しかしそれよりも怖ろしいことは，実践しなかった時への警告である。前の聖句を受けて，「しなかったのは――私にしなかったのである」（マタイ25：45）という。

これと同じ思想を，仏教では「文殊信仰」という。文殊菩薩が，物乞いの仮面をかむって，下から見つめているというのである。[41]

愛の実践の究極として，人は見知らぬ（赤の）他人のために死ねるかという課題がある。実際に起こった事件としては，先述した三浦綾子『氷点』に描かれた青函連絡船洞爺丸の沈没時（1954年9月26日）に見知らぬ日本人のために救命ボートの席を譲った二人のアメリカ人宣教師のことや，同じく三浦が書く『塩狩峠』において，車掌・長野政男が自らの命を犠牲にして多くの乗客の生命を救った話[42]（1909年2月28日）や，アウシュビッツ収容所でのコルベ神父（Kolbe, M. M.）の話[43]などがある。

隣人愛――社会福祉実践における「愛」の課題

独居老人がその孤独な生活を「骨の凍るような寂しさ」と表現する。[44]まさに放浪の俳人・尾崎放哉が詠った名句「咳をしても一人」の世界である。しかしこの時，その寒さの中で，「寒いねと言えば，寒いねという声の返ってくる暖かさ」（俵万智）という世界があるならば，なんとほっとするのであろうか。隣人の存在である。

しかし，この隣人愛にも次のような難しい課題が潜んでいるのである。

【課題１】

人生の中の多くの困難な状況は，他人事ではない。この「他人事ではない」という内面の声に突き動かされて社会福祉実践が行われたという指摘は多い。[45]

　古代ローマの哲人セネカは名著『人生の短さについて』（岩波書店）の中で警告する[46]（本書25ページ）。

　「誰に起りうるのだ——誰かに起こりうる出来事は」

　「或る人に起こることは君にも一つ一つ起こりうることを知るべきである」

【課題2】

　「自分を愛するように，人を愛しなさい」は可能なのか，これが人間につきまとって来た，利己愛と利他愛（Altruism）との葛藤である。特に，イギリスの功利主義を巡って現れた論争でもあった。

　この二つは，外見では見分けがつかないことがある。たとえば，電車等の中で席を譲る時に，相手を思いやって席を立てば利他主義であるが，周りの目を気にして立てば利己主義となる（本書24ページ）。

【課題3】

　他者への痛覚をどこまで持つことができるか。明治期の社会主義者・荒畑寒村は「君，弱き者のために泣き給え」といったが，こうした「痛みの涙」を流し続けることができるのか，という課題である。本当に「共に生きる」ことができるのか，という課題でもある。本来，その「対象者」の持つ問題を自分は持たない実践者が，つまり，「本来，共にあり得ない者が共に歩み続けることができるのか」という難問である。この状況を筆者は「共生への漸近線」と呼んでいる。[47]

　またそこには他人の「不幸」へ関わる職業であることへの恐れが存在する。端的に言えば，「他人の不幸で飯を食っている」ことへの「負い目」である。

　聖者デミアンと言われたカトリックの神父が，ハワイのモロカイ島のらい病収容所で16年間の実践を行った時，患者からあなたは共に居ることはできないと言われ，毎日の終わりに，らい病患者の出した膿を飲み続けて，ついにライになったという話がある。[48]

　四国の遍路に「同行二人（どうぎょうににん）」という言葉がいつも付いてまわる。人生の過酷

な一人の道程にあっても，常に，空海弘法大師が一緒に居くれることを表す。このような状況は，「一人で行かないで，一緒に参りましょう」(49)と表現されるのであろう。

【課題4】

隣人愛に忍び込むものがある。前述した，「地獄への道は善意によって敷き詰められている」（ダンテ）という状況や，善導大師の「雑毒の善」である。「助けるつもりで傷つけている」ことがありはしないのか，という課題である。社会福祉施設の必要以上の管理的な規則はこれに当たる。クロポトキンが提起した『相互扶助論』（1902年）と関連した「カニの例え」である(50)。

また，自分のための優越感や，劣等感からの抜け出しのために，相手を助けるという「救世主コンプレックス」も隣人愛に潜んでいるものである。

【課題5】

行動を伴わない理念的な「愛」をどう見るかという課題がある。先述した二つのタイプの「愛」のことである（本書61ページ）。一つは，抽象的・観念的な愛である。先述したように，教育論『エミール』を書き，愛を説き，その思想がフランス革命を導いたルソーは，愛してもいない，時計の文字盤も読めない洗濯女テレーヌと暮らし，子どもが生まれると顔も見ずに直ちに孤児院の前に捨てさせることが四度（一説に五度）あったという(51)。

もう一つは，具体的・実際的な愛である。多くの社会福祉実践者の愛はこれであろう。マザー・テレサは「我々はソーシャルワーカーになってはいけない」と言ったが，その実践は具体的で「私は一人の世話が終わると次の人の世話をします。私は集団を相手にしているのではありません」と言うのである。そして，さらには単なる世話ではなくて，「愛を運ぶ器」となりなさいと説くのである。

6　なぜ大学で「価値」が教えられないのか

　ソーシャルワークの三大要素の筆頭が「価値」ならば，本章でこれまで述べてきたような「価値」が，なぜ現在のわが国において社会福祉士の養成課程で教えられないのか。

　その理由の一つは，国家試験に出ない（なじまない），ということである。価値観を試験の正否にかけることはできない（たとえば，人生に必要なのは，愛より金である。○か×か，などは出題できない）。

　理由の二つ目は，いわゆる「社会科学と価値判断排除（価値自由）」の課題が，社会福祉学にのしかかっているからである。しかし，社会福祉士の養成課程で「社会科学としての社会福祉学」と永く言われてきたが，社会福祉学は社会科学だけではない。社会福祉問題の背景は社会科学で解明できるが，面接は行動科学（心理学など）でなされる。また，人間尊重などの価値観は，人文科学の研究が後押しとなる。つまり，社会福祉学は，社会科学と行動科学と人文学との「総合的な学」なのである（本書58ページ）。

　直前に述べた「社会科学としての社会福祉学」ということに囚われ続けてきたわが国の社会福祉学を，筆者は社会科学による「社会福祉学の呪縛」にあったと指摘した。[52]

　理由の三つ目は，大学に，社会福祉の思想・哲学・価値を教える教員が非常に少ないということである。日本社会福祉学会の会員4950人中（2015年6月），これらを自分の主たる専門としている研究者は30人居るであろうか。これもある意味で国家試験科目にないことの影響であるといえよう。わが国の社会福祉士の養成課程の社会福祉教育は図4-2のような構造になっている。

　筆者のゼミの卒業生S君は30年以上，Y市において生活保護の実務を続けてきたソーシャルワーカーであるが，彼は言い切った「ダメな奴はダメ」。学歴・専門・成績・資格・経験が有っても「ダメな奴はダメ」なのである。つまり，「福祉の心」「福祉のセンス」「他者への痛覚」などと表現されるソーシャ

第4章 ソーシャルワーカーに求められるもの

図4-2 福祉系大学における教育の構造（価値観の位置）

出所：筆者作成。

ルワークの価値観を体現していない者は，すぐ挫折するか，ほどなく辞めていくか，真の仕事にならない，のである。この厳しいソーシャルワーク専門職が，自らの使命を果たし，それをさらに後輩のソーシャルワーカーに引き渡すのに必要なのは，「炎の襷と棘のバトン」だと言う。

社会福祉士などの国家試験の内容は，福祉六法・社会福祉辞典・福祉テキストに書いてあるが，こうした現場に本当に必要な「価値観」は大学で教えられない（ソーシャルワークの三大要素の筆頭であったとしても）。このことを教える「社会福祉原論」が国家試験科目から消えて，社会福祉士試験は社会福祉法制の技術屋を養成しているという批判がある。

ここにわが国の今日の社会福祉教育の大きな問題点がある。

ところで，社会福祉の価値観の悪用(53)（劣悪な労働条件の下で精神性を強要する）という事態が，社会福祉の現場で久しく訴えられ続けている。利用者のQOL（生活の質）を高めるためには，社会福祉従事者のQWL（Quality of Working Life：労働生活の質）が必要なのである。

そこで，本章を終えるにあたって，福祉労働の要の言葉を記しておきたい。

「疲れていては，心から良い仕事を続けてすることはできない」。

①心から，②良い仕事を，③続けてするには，労働条件の向上・充実が必要なのである。

第Ⅱ部　援助するために必要なもの

注・引用文献

(1) 秋山智久『社会福祉実践論——方法原理・専門職・価値観』(改訂版),ミネルヴァ書房,2005年,9ページ。筆者は,ソーシャルワーカーの全国調査を5年ごと25年にわたり,6回実施し,その専門や労働実態を解明しようとした。
(2) 同前書,21ページ,および210ページ。
(3) 山室軍平『社会事業家の要性』中央社会事業協会,1925年。
(4) リーマー,F./秋山智久監訳『ソーシャルワークの価値と倫理』中央法規出版,2001年,8ページ。
(5) 前掲書(1),333ページ。
(6) 前掲書(1),332ページ以下。
(7) ウェーバー,M./尾高邦雄訳『職業としての学問』岩波書店,1951年,43ページ。
(8) わが国で最初の重症心身障害児施設「島田療育園」の創始者である。
(9) 秋山智久「力動的統合の視点——社会科学と人間行動科学」井垣章二・小倉襄二・加藤博史・住谷磐・同志社大学社会福祉学会編『社会福祉の先駆者たち』筒井書房,2004年,236ページ以下。
(10) 嶋田啓一郎『社会福祉体系論——力動的統合理論への途』ミネルヴァ書房,1980年,24ページ。
(11) 前掲書(3),12ページ。
(12) 前掲書(1),21ページ。
(13) 前掲書(1),335ページ。
(14) 秋山智久『社会福祉専門職の研究』ミネルヴァ書房,2007年,130ページ。
(15) 金泰明『欲望としての他者救済』日本放送出版協会,2008年,139ページ。
(16) 秋山智久・平塚良子・横山穣『人間福祉の哲学』ミネルヴァ書房,2004年,18ページ。
(17) リンドバーク,C./佐々木勝彦・濱崎雅孝訳『愛の思想史』教文館,2011年,223ページ。
(18) 同前書,274ページ。
(19) 前掲書(1),110ページ。ここには,アドボカシーが単に「権利擁護」と訳されてはならない理由が記してある。
(20) 五木寛之『愛について——人間に関する12章』角川文庫,2004年,84ページ。
(21) 前掲書(1),332ページ以下。また,秋山智久・井岡勉・岡本民夫・黒木保博・同志社大学社会福祉学会編『社会福祉の思想・理論と今日的課題』筒井書房,2004年,参照。
(22) 前掲書(1),21ページ。
(23) 前掲書(16),27-28ページ。

(24) 孝橋正一『続社会事業の基本問題』ミネルヴァ書房，1973年，25ページ。
(25) 前掲書(1)，9ページ。
(26) ペック，S.／氏原寛・矢野隆子訳『愛と心理療法』創元社，1987年。
(27) フロム，E.／鈴木晶訳『愛するということ』（新訳版）紀伊國屋書店，1991年。
(28) 前掲書(20)，12ページ。
(29) 同前書，20ページ。
(30) 中国の唐時代の僧（613-681年）で中国浄土教の開祖である。鎌倉の光明寺に銅像がある。「念仏のみ」によって法然に多大な影響を与えた。
(31) ラッセル，B.／安藤貞雄訳『ラッセル幸福論』岩波文庫，1991年，251ページ。
(32) 同前書。
(33) ヒルティ，C.／草間平作訳『幸福論』岩波文庫，1961年，68ページ。
(34) 前掲書(20)，11ページ。
(35) ひろさちや『愛の研究』新潮社，2002年，67ページ。
(36) 同前書，78ページ。
(37) 同前書，118ページ。
(38) 前掲書(20)，88ページ。
(39) 塩尻和子監修／青柳かおる『イスラーム』日本文芸社，2007年，56ページ。以上の「イスラムにおける愛」（71ページ以下）は，次の文献による。秋山智久「社会福祉実践と愛——『人』に働きかける愛とはなにか」『キリスト教社会福祉学研究』第42号，2012年。なお，この論文は表記の文献以外に，次の文献を参考にした。ハミードッ゠ラー，M.／黒田美代子訳『イスラーム概説』書肆心水，2005年。塩尻和子『イスラームの人間観・世界観——宗教思想の深淵へ』筑波大学出版会，2008年。
(40) 前掲書(16)，23ページ。
(41) 秋山智久「社会福祉実践におけるプロテスタントと浄土真宗の近似性——他者への関わりと救済の視点より」『キリスト教社会福祉学研究』第39号，2007年，22ページ。なお，このイメージを彷彿させる像として，文殊菩薩ではないが，仏像の下から仏像が顔を現しているものとして，京都・西往寺の重要文化財「宝誌和尚立像」がある。
(42) 前掲書(16)，20-21ページ。
(43) 筆者は，2009年8月に，何十年来の望みの後，現地を訪ね，コルベ神父の地下牢を見ることができた。コルベ神父は日本にも16年滞在していて，その記念館は長崎の浦上天主堂の横にある。また，英国のウエストミンスター寺院の正面の壁に，20世紀最大の聖人10人の中に，その像がある。
(44) 阿部志郎『福祉の哲学』（改訂版）誠信書房，2008年。
(45) 前掲書(1)，5ページ参照。

第Ⅱ部　援助するために必要なもの

⑷⁶　セネカ，L. A.／茂手木元蔵訳『人生の短さについて』岩波文庫，1980年，100-101ページ。前掲書⑴，347ページ参照。
⑷⁷　前掲書⑴⁶，27-28ページ。
⑷⁸　筆者は，是非，現地を訪れたいと思い，2004年8月にそれを果たすことができた。
⑷⁹　谷口龍男『出会いの哲学』北樹出版，1978年，69ページ。
⑸⁰　本書，10ページ参照。
⑸¹　芹沢光治良『レマン湖のほとり』新潮社，1975年。
⑸²　秋山智久「力動的統合の視点——社会科学と人間行動科学」井垣章二・小倉襄二・加藤博史・住谷磬編『社会福祉の先駆者たち』筒井書房，2004年，236ページ。
⑸³　秋山智久「『人間福祉の哲学』の一例と悪用」秋山智久・平塚良子・横山穣『人間福祉の哲学』ミネルヴァ書房，2004年，47ページ，参照。

第5章

社会福祉と宗教

1 社会福祉と宗教の関係

人生における宗教の位置

　フロム（Fromm, E. S.）は『精神分析と宗教』（谷口隆之助他訳，創元社，1965年）において，人間のうちには宗教的欲求があり，それは「人間存在に本性的なものである故に，この欲求は強烈なのである。実にこれよりも強力な精力の源泉は人間のうちにないのである」と，人間の内なる宗教の力の強さを強調している。

　この人間の本質に触れる力は，宗教学者によっても，「宗教は，人間の問題という与えられた課題を『究極的』に解決しようとする」ことを根本的に重視されているのである（岸本英夫『宗教学』大明堂，1988年）。

　ただ，この論文において問題とする「宗教」そのものの概念であるが，阿満利麿の分類する「創唱宗教」[1]（つまり，教祖や聖典や信者組織を持つ宗教）を意味することとして，同じ阿満の言うもう一つの「自然宗教」（つまり，わが国における先祖崇拝や村の鎮守とされる神々への信仰など），民衆に染みこんでいる宗教心（めいたもの）はとらないこととする。また，新宗教も対象としない。[2]

　ところで，宗教を重視するとは言うものの，それは宗教を認める唯心論の立場に立つ者の主張であって，無神論の立場に立つ者には説得力がないという見解もあるであろう。しかし，この無神論とは何であろうか。

　上原英正は，バールト（Barth, H.-M.）による無神論に三つの立場の違いがあ

るという説を紹介している⁽³⁾。以下に筆者の要約⁽⁴⁾を記す。

三つの無神論とは，次のものを指す。

① 哲学的無神論

これは，フォイエルバッハ（Feuerbach, L. A.）の『キリスト教の本質』に代表される思想である。神の属性は人間の理性（脳）が生み出した人間の持つ属性の最高の姿を現しており，結局，人間の想像力の産物であり，そこに限界がある。これは彼の次の言葉に集約される。「神学の秘密は人間学であり神の本質は人間の本質である」。人間それ自身の中に神の始原が求められたのである。

つまり，大島康正のいう，ヘレニズムにおける「人が神を造った」という「人神」である（対極は，ヘブライズムの神が人を創ったという「神人」である⁽⁵⁾）。

② 実践的無神論

これは今日，西欧においても，わが国においても，世界的な傾向であり，理性的に考えて神なんかあるものか，そう考えることが科学的なのだという現代の若者に代表される考えである。これは，現代の物には満ち足りているという物質的な豊かさが，不条理（代表として貧富の偏り）や不幸に関する心の飢えを希薄にしてしまっているからである。

③ 反宗教的無神論

ニーチェ（Nietzsche, F. W.）の「神は死んだ」（『ツァアラトゥストラはかく語りき』）に代表される，宗教に対抗し，宗教を否定する考えである。

たとえば，わが国においては，自然に還ることを主張する安藤昌益は，農民のように汗して食するのが人間本来の姿であり，浄土を口先で説いて布施の上に生きている僧侶の代表として法然（源空）を次のように糾弾している⁽⁶⁾。

「源空が如く不耕貪食……大罪人なり」（『統道真伝』）。

ところで，先述した『利己的な遺伝子』の著者，ドーキンス（Dawkins, R.）は，別の著『神は妄想である』（*The God Delusion*, 2006年）において，強烈な反宗教論を展開している。つまり「科学的精神だけが真に合理的で普遍的なものだと主張して，キリスト教を筆頭に仏教・イスラムなど，あらゆる宗教はそれに反する邪悪で有害なものである」としている。

第5章 社会福祉と宗教

　こうした立場からの反宗教論に対し，人生や人間存在の意味，そしてその中で展開される，どうしようもない「人間の悪」に関しては，本書第8章で論ずることとする。
　以上，宗教に対する重要性を指摘する主張と，それを批判する無神論を概説したが，それらが社会福祉においてはどのように展開されているかを，以下で検討してみたい。

近代的社会福祉論（岡村理論）における宗教の不在

　「ケースワークの母」と称されるリッチモンド（Richmond, M.）は，ケースワークの目的を「パーソナリティの発展」に求めたが，パーソナリティの発展において，つまり，成長の過程においては，個人の価値観や人生観を吟味することが必然的になされる筈である。その中でさらに宗教意識・信仰に到達して，それを自分の課題として検討する人もいれば，否定する人もいるであろうが，人間の歴史を踏まえ，現実社会に存在する限り，宗教への肯定・否定・無関心という道を避けることはできないであろう。
　ここでは，人間（の苦悩）に働きかける社会福祉として，その働きかける人に宗教がどのように影響しているかを論じてみたい。または，「人間苦」[7]にある人が，自分の状況や運命をどのように捉えているかも課題となる。
　社会福祉とは何であるかを探究する時，戦後その理論が多大な影響を持ってきた研究者の一人に岡村重夫がいる。岡村の主張の主要な部分の一つは，社会福祉が社会生活上の基本的要求に応えることにあるとして，七つの基本的要求を明確にしたことがあげられる[8]。
　この岡村の七つの基本的要求の中には，前述した「人間の内なる宗教の力の強さ」（フロム），人間の「課題を『究極的』に解決」する宗教（岸）といった宗教の重要性は，どこに位置付けられているのであろうか。たしかに，「身体的・精神的健康」が掲げられているが，その意味するところは，医学的・公衆衛生的な課題である。また，「文化・娯楽に対する参加の機会」の中の，「文化」には宗教は含まれていない。

85

第Ⅱ部　援助するために必要なもの

　こうした不思議さに対して，岡村の下で修士の学位を取ったにもかかわらず，岡村の反宗教性に徹底して反論したのが，三宅敬誠であった。三宅は，つねづね岡村から「道徳までは認めることはできるが，宗教は認めることはできない」と言われていたという。

　たしかに，岡村は無神論であったと思われる。三宅は，世界の著名な社会福祉の研究や見解（NASW, UN やヤングハズバンドなど）には，当然のように「宗教的表現の機会」などの宗教に関する項目が入っていることを指摘し，岡村理論を「近代的社会福祉」と呼んで，その不可解さと反宗教性を繰り返し指摘している。

　なるほど，岡村の理論を彩る「四つの原理」の中の「主体性の原理」や「全体性の原理」の中には，人間存在を考えれば，宗教的・精神的な視点を含んだ原理が入っていても良いと思われるが，そうした記述はない。そもそも日本国憲法第25条の謳う「国は，すべての生活部面について，社会福祉，社会保障及び公衆衛生の向上及び増進に努めなければならない」の中には，宗教生活が入っているはずなのである〔アンダーライン，著者。本章第3節参照〕。

2　近代的社会福祉と国家

国家と社会福祉

　まず国家と宗教との関係について述べる。これは，古い形態の国家の原型ができた時からの課題であろう。国家と宗教における覇権と宗教的権威の確執は古代から継続してきたと言える。従って余りに多くの研究があるゆえにここでは本論のテーマにたどり着くために論を急ぐこととする。

　国家の支配力については多くの論議があった。

　プラトン（Plato）の代表的な著作『国家論』には，「巨大な怪物がのし歩いている」と，国家の統治権（sovereignty）のすさまじさを表現している。

　中世においては，国家と宗教の位置関係は，教（皇）権と王権の戦いとして現れ，国王に勝るローマ法王の権力は，フランス王が雪の中に立ち尽くしてロ

ーマ法王の許しを請うたという「カノッサの屈辱」の例に代表される。

　しかし，やがては，英国国王の離婚を巡る確執から，国王がローマ法王からの離反を図り，英国国教会（エピスコパル）を設立し，ここから世俗権力の台頭という形で中世から近代への歩みが開始することとなる。

　ソーシャルワークの発端は，英国のチャルマース（Chalmars, T.）による「友愛訪問」の実践であり，牧師であったチャルマースは，その目的は魂の救済であり，まさに宗教との関わりの深い社会福祉実践であった。

　しかし今や，わが国では国家財政と制度における社会福祉であり，これを先の三宅は「近代的社会福祉」と称するのである。そこでは「お上」によって認められていないという理由で，私財をなげうつ事業や，無認可事業やボランティアの位置までもが軽視されてきた。制度に乗って認可された事業こそが「本物」であり，それ以外は本物を補助する手段か形態であり，または本物に至るまでの経過的な段階であるとされた。

　こういう状況では，英国の救貧法以来の検討事項であった「公私関係論」[14]は真剣に論議されることが少ない。従来，public か private か，または statutory か voluntary かという論議は，社会福祉における公立と民間の事業の役割と分担を検討する重要な課題であった。

　最近でこそ，わが国でも「新しい公私関係」「パートナーシップ」とか「下からの公共性」などの論議がなされるようにはなってきた。しかし，世界的に，福祉ミックス[15]，混合福祉といった社会福祉の供給主体の多様化が論議される中にあっても，国家財政と制度における社会福祉の存在と位置が圧倒的に強いものであることが日本的特色である。

宗教社会福祉と世俗的社会福祉の関係

　ここで宗教社会福祉と，そうでない世俗的社会福祉の関係を論じてみたい。創唱宗教にも多くの宗教があるので，ここではキリスト教社会福祉を例として挙げて考察することとする。

　ヨーロッパにおいては中世以来，人間と社会に関するすべてのことは，ロー

マ・カトリックの支配下にあった。しかし，産業革命や土地資本主義の進行，人道主義の台頭などの中で，教会の管轄であったものの多くが次第に世俗化されていった。つまり，教会の管轄から，王権による国の管轄に移行したのであった。そこでは，国家の責任によって実施される，法・制度・財源に基づく国の社会福祉が大きな意味を持つようになってきた。そこでは，身分・出自・人種などに関する価値中立の社会福祉が展開されていった。これには，受給の条件を満たせば，個人の内面性・精神性を問わないという自由が存在していた。ただ，英国救貧法が厳しく追及したのは，働く意思が有るか否かによる「望ましい貧困者」(the deserving poor)と，「望ましくない貧困者」(the undeserving poor)の区別であった。

この一方では当然，従来のキリスト教による慈善（カリタス）の事業が活発に活動しているところにおいては，教区ごとのキリスト教社会福祉が実践されており，こうして社会福祉の多様性が生じてきたのである。

3　日本の政治と宗教および社会福祉

宗教と社会福祉──宗教社会福祉は違憲か

我が国においては，宗教と政治の関係は「政教分離」として，憲法第20条「信教の自由」に明確である。その第4項は「国及びその機関は，宗教教育その他いかなる宗教的活動もしてはならない」と唱っている。

しかし，このことから，鷲谷善教（当時，日本社会事業大学教授）は「民間社会事業家論」（『日本社会事業大学研究紀要』，1960年）を書き，宗教系の社会福祉は憲法違反であると訴えて，民間社会福祉事業界に衝撃を与えた。

筆者は，当初から，この単純な違憲説に反論を呈してきた。つまり，わが国には，憲法による「宗教の強制の禁止」と共に，一方では民間社会福祉に対する，その独自性に基づく「必要な指導」をすべきであるという行政の指導があるからである。

宗教系社会福祉施設の宗教活動に対する「二重の基準」の存在である。

第5章　社会福祉と宗教

　憲法第20条第2項は「何人も，宗教上の行為，祝典，儀式又は行事に参加することを強制されない」と謳うが，他方，社会福祉施設に対する「設備及び運営に関する基準」では「必要な指導」を行うようにとしている。各種の社会福祉施設に同様のものがあるが，一例を老人福祉施設にとると，次のような省令が存在する。

　◎養護老人ホームの設備及び運営に関する基準（昭和41・7・1　厚令19）
　　　　　平成18・3・28　厚労令57による改正（平成18・4・1施行）
　　（基本方針）
　「第2条　養護老人ホームは，入所者の処遇に関する計画（以下「処遇計画」という。）に基づき，社会復帰の促進及び自立のために必要な指導及び訓練その他の援助を行うことにより，入所者がその有する能力に応じ自立した日常生活を営むことができるようにすることを目指すものでなければならない〔アンダーラインは著者〕。
　　2　養護老人ホームは，入所者の意思及び人格を尊重し，常にその者の立場に立って処遇を行うように努めなければならない」。

　つまり「必要な指導」と「強制」の差の違いである。例をキリスト教社会福祉施設にとるならば，施設内で日曜日に「礼拝」をする時にそこに出席を「勧める」か「強制する」かの違いである。または食事時に，祈祷することを「勧める」か「強制する」かである。わかりやすい表現を使うならば，「いやいやながら」「しぶしぶ」参加するのと，「無理矢理」参加させるのとの違いはあるであろう。

「私的な」社会福祉の位置

　今日では，民間の社会福祉事業は，大多数が社会福祉法人という法的制度・組織の中で経営されている。しかし，明治期以来，わが国の著名な社会事業家たちは，私財をなげうち，生涯をかけて，「私的な」社会事業を展開してきたはずである。しかし，筆者のよく知っている，広島県の重度身体障害者授産施設Sでは，その創設者は同じように私的に事業を始めたのであったが，法人

第Ⅱ部　援助するために必要なもの

化していない時代には,「もぐり,もぐり」と軽視・蔑視されていたという。

　丸山眞男は「超国家主義の論理と心理[16]」の中で,「凡そ国家秩序によって捕捉されない私的領域というものは本来一切存在しないことになる」,「我が国では私的なものが端的に私的なものとして承認されたことが未だ曾てない」と指摘している。従って「私的なものは,即ち悪であるか,もしくは悪に近いものとして,何程かのうしろめたさを絶えず伴っていた」という。

　しかし,日本国憲法第89条には,「公の支配に属さない」社会福祉[17]に対する公金支出を禁じているのであるが,そのことは逆に「公の支配に属さない」社会福祉の存在を容認していることになる。

　憲法第89条は次のように述べる。

　　「公金その他の公の財産は,（中略）公の支配に属しない慈善,教育若しくは博愛の事業に対し,これを支出し,又はその利用に供してはならない」。

　法学の通説による解釈は次の通りである[18]。

　　「慈善事業とは,老幼,病弱,貧困等で社会的に困窮している人に恩恵を与えるための事業で,いわゆる社会事業の大部分がこれに属するし,博愛事業は博く人を疾病,戦争,天災等の厄災から救済することを目的とするものである」。

　ここからこの第89条の類推解釈として,慈善・博愛の事業とは社会福祉を指すことになっている。

　このことにより,「公の支配に属さない」私的な社会福祉は法律的にも成立するのであり,決して「もぐり」ではないのである。

　こうした必要以上の国家による個人の内面への介入は,わが国の生活の随所に見られるものである。たとえば,国の打ち出す「生きがい」対策とは何であろうか。国が個人の「生きがい」にまで口を出すのであろうか。QOL（生活の質）の三層構造（生命・生活・人生）の内,第三番目の「人生・生きがい」には,行動の自由をも含む個人の価値観が大きく作用する筈である。

　硬直化した政治が強権的さらには独裁的になっていく時,それに歯止めをかける思想的な根拠が先述（第3章第4節）した「世界人権宣言」（1948年12月10

日）の第29条にある「すべて人は，その人格の自由かつ完全な発達がその中にあってのみ可能である社会に対して義務を負う」の項目である。

また次の言葉が，その相互理解をよく表している。

「信教の自由とは，他の宗教や思想・信条に対して寛容であるか否かのことである」[19]。

人間を根本的に大切にし，その救済を図るはずの宗教が，相互に異端だ，異教だといがみ合うことは，宗教の教えのもっとも深い部分が欠けていることになるであろう。本節では，こうした宗教が，具体的に現世での幸福追求の手段の一つである社会福祉にどのような関係があるのかを，論じた。

4 宗教多元主義における社会福祉の位置と内容

これまでの節では，わが国における社会福祉と宗教との関係を論じてきたが，今日の世界情勢の中で「宗教」は重要な位置を再び占め始めている。タリバン，アルカイダや，IS（Islamic State：イスラム国）などの問題である。

戦争の中で，もっとも過酷で悲惨な戦争の一つが「宗教戦争」である。人はなぜ，絶対者の見守りの中にあって，同胞である人を殺すのであろうか。

この根本的な疑問の下に，国際的な宗教間の葛藤の問題を考察する一つの視点として，宗教多元主義を検討してみる。

宗教多元主義の問題

宗教の信仰者は自分の宗教を守りたいがために，自分の宗教こそが真理だとする。しかしもし，他の宗教者が同じように自分の宗教のみを擁護したとすると，どうなるのか。

これが正に現時点で起こっているイスラエルとハマスとの間の，そして，イラクにおけるスンニ派やイスラム原理主義によるシーア派に対する宗教戦争，今も続く英国領北アイルランドでのプロテスタントとカトリックの戦いが主要な要因となっているのではあるまいか。[20]

第Ⅱ部　援助するために必要なもの

　筆者は，「宗教多元主義」を全面的に支持しているわけではない。また，それに対して多くの批判があることも知っている(21)。しかし，各宗教が自らの宗教の正当性のみを強く主張するがあまり，上述したような宗教戦争が歴史的にも現在でも多発し，多くの殺戮が宗教の名のもとになされている事実を認識し，憂うるものなのである。

　自分の宗教とその神の名において「人殺し」が今後も繰り返されることを恐れるのである。

　問題提起として「他宗教との比較において，キリスト教社会福祉の独自性とは何か」を挙げたい。

　ここにもっとも素朴な疑問がある。

・多くの宗教が自分の信仰者のみを救済対象としていたら，お互いに排除し合ってすべての人間が救済されないことになる（みんなが地獄に行く）のではないか。
・キリスト教でいう「神の国」は，他の宗教の信者を排除して実現できるのか。

　社会には，宗教に関連した社会福祉，世俗的な社会福祉，（非宗教的な社会福祉），その代表である公的社会福祉と様々な種類の基盤を持った社会福祉が存在している。

　その中で，キリスト教社会福祉を研究するために，日本キリスト教社会福祉学会が設立された。そこでは，当然，他の社会福祉と何が違うのかが問われ，そのことの基礎の上にその研究と実践があり，その独自性が探究されることになる。他の社会福祉と，さして違わないのであれば，その存在意義はない。

　しかし，今まで繰り返し検討されてきたキリスト教社会福祉の独自性は既に本当に明確なのであろうか。次の七点から考察する。

宗教社会福祉の独自性――七つの視点

　宗教社会福祉の独自性とは何かを，キリスト教社会福祉を視点として，非宗教的で一般的なヒューマニズムの社会福祉と，または他の宗教系の社会福祉とどう異なるかを次の七つの視点から考察してみる。

第5章　社会福祉と宗教

①　社会福祉問題の意味づけ

この現実世界に起こる不条理な社会福祉問題や，事故・事件の原因を宗教はどう把えるのか。

「一枚の木の葉も神の意志なくしては散ることはない」という聖句からすれば，すべては神の摂理と考えるのか。ならば，神の創造したこの世に恐るべき悪が存在するのは，なぜなのか。これはキリスト教神学でいう「神義論」(弁神論)の課題である。

現世での社会問題の原因・背景を社会科学的に解明することをあいまいにして，すべてを絶対者の意志として受け入れていこうとする態度を，マルクス (Marx, K. H.) は「宗教はアヘンである」と揶揄した。

しかし，それに対応する人間の「自由意志」の存在はどう考えるのであろうか。

②　働きかける側のモチベーション

こうした社会福祉問題に働きかける時の動機は，単なるヒューマニズムなのか，神の命令による隣人愛なのか。後者の例は次の通りに教えられている。

「自分を愛するようにあなたの隣り人を愛しなさい」(ルカ10：27)。

つまり「神の命令」であるから，隣人を助けるというのである。しかし，ここに二つの疑問が生ずる。

一つは，人間は本当に自分を愛するように(赤の)他人を愛することができるのであろうか。釜ヶ崎で献身するカトリックの本田哲郎神父は，他人であるホームレスを愛することは自分にもできないから，この「愛する」を「大切にする」と解釈し直しているという。

二つ目の疑問はリストカット，自殺，自暴自棄などに顕れている「自分自身を愛せない」人が，社会福祉のいわゆる「対象者」には多くいるという事実である。

働きかけの動機として，善きサマリア人の例えは次のように言う。

「行って，あなたも同じようにしなさい」(ルカ10：30)。

そしてまた，聖書は言う。

第Ⅱ部　援助するために必要なもの

　　「これらの，最も小さい者のひとりにしなかった者は，すなわちわたしに
　　しなかったのである」（マタイ25：45）。
　このイエスの言葉は衝撃的である。人は単なるイエスの問いに対する回答者
や解説者であってはならず，行動する人，実践者であることを，その場に安住
していて動かない人に要求しているからである。
　この「行って，～し，」は，正にイエスの説いた行動する人の姿である。
　③　音色を異にする実践
　その一つが贖罪であろう。主の祈り「われらに罪を犯す者をわれらが許すが
如く，われらの罪をも許し給え」は贖罪の表明である。
　さらに一言つけ加えるならば，福祉現場において，福祉労働者が施設管理者
の「福祉の心」の悪用によって，悪い労働条件と給料によって「愛と奉仕」を
強要された場合（それは強制された途端に既に「愛と奉仕」でなくなっているのだが）
と，自らが自発的・主体的にそれを選びとることは，全く意味が異なっている。
　④　実践の目的
　宗教社会福祉の目的は，世俗的な社会福祉のように，単に社会福祉問題の解
決や，社会生活上の基本的ニーズの充足だけなのか。
　そこには，隣人と共に「神の国」に生きるプロセスが存在しているのではな
いか。
　しかし，仏教においても，現世利益や「同行二人」（真言密教）の教えがあり，
イスラームにおいても，強力な信者同士の相互扶助，「啓典の民」〔（ユダヤ教徒
とキリスト教徒）・イスラームを認め，納税する者としてのズィンミー（庇護
民）〕への支援など，同様の考え方が存在している。
　⑤　「死」の意味の相違
人生の終局にある「死」を宗教社会福祉はどう捉えたらいいのか。
キリストの復活による死の克服がある。使徒信条は言う。
　　「我は――身体のよみがえり，とこしえの命を信ず」。
　仏教においても「来世・極楽」の存在や，イスラームにおいても「聖戦（ジ
ハード）」に参加した者への神の国の保障などが説かれている。

表5-1　キリスト教社会福祉学会と教会との関係

(％：MA)

社会福祉施設と教会との関係	持っている	95.4
	持っていない	3.3
「関係」の具体的内容	「職員や利用者が教会に行く」	81.3
	「ボランティアの派遣」	54.6
	「献金」	34.9

出所：筆者作成。

このように他の宗教でも「死」の克服は重要な課題である。

⑥　教会とのつながり

宗教社会福祉の独自性と，教団・教会はどうつながるのか。

キリスト教社会福祉学会の場合，「教会との関係」は表5-1の通りである[22]。

しかし，教会がクリスチャン・ワーカーを送り込むことに関しては，期待されていない。

仏教が「葬式仏教」と揶揄されていても，命日などにおける墓参りによる寺院とのつながりは浸透している。

イスラームでは，さらに厳しい一日五回の礼拝が，モスクまたは日常生活の場において課せられている。

⑦　人格の交わりとしての働きかけ

相手を「人格」として見る態度は，ブルンナー（Brunner, E.）の名著『我と汝』や，神のペルソナ（persona：仮面）という考えなどに現れている。これは，障害者や貧困者など「この最も小さな者」の姿を取った者への接する人格的な態度を意味する。

この考えは，仏教においても，文殊菩薩が弱い立場の「人」の仮面をかぶって，「また逃げるのではないか」と下から見あげているという「文殊信仰」に近似している（本書第4章・注(41)参照）。

これらの「宗教社会福祉の独自性」と考えた七点は，学会において，その宗教界において語られ，内輪でそう思いこんできたものではなかったか。類似したことが，他宗教にも見られるからである。

三大宗教における救済対象と救済の条件

　独自性というからには，他の社会福祉（実践）と比較して，その特色を主張しなければならない。しかし，「他の」社会福祉とは何をイメージしているのであろうか。従来，公的社会福祉との比較はいろいろとなされてきた。しかし，もっと近い筈の他の宗教系社会福祉との比較はいかがであろうか。

　キリスト教社会福祉，仏教社会福祉，イスラーム社会福祉の間の相違点となると，宗教の違いが表面に出てしまう。それらの社会福祉（実践）との違いを，どのような視点・角度・枠組みから，把握すれば比較が可能であろうか，また宗教社会福祉の独自性は，他宗教をも視野に入れて理解しているのであろうか，次に検討してみる。

　①　キリスト教における救済

　欧米で育ったキリスト教の「排他主義：exclusivism」は次のように言う。

　　カトリック「教会の外に救いなし」。

　　プロテスタント「キリスト教の外に救いはない」。

　しかし，これはやがて第二バチカン公会議（1962～65年）以降，次のような包括主義に変わる[23]。

　　カトリック「他宗教における真なるものを退けない」。

　　プロテスタント「信仰を異にする人々にも神は同様に愛と恵みを与えておられる」。

　従来，各宗教は他宗教に無関心（自分の救いのみ関心）でなかったのではないか。

　しかも，自分の宗教への優越・独善から他の宗教を排他することにより，戦争の中でももっとも過酷・過激な宗教戦争を繰り返し引き起こしてきた。

　このことからすると，多元主義モデルになっても，そこにある「包括主義」には自分の宗教への優越感が根底にあるのではないか[24]。

　②　仏教における救済

　仏教の教え，仏教の多様な宗派，多くの仏，それらは（異部）加上説（富永仲基『出定後語（しゅつじょうごご）』（1745））が指摘するように，観念的・思弁的に次々と説の上

表5-2 三大宗教の概要と「救済」

	信者数*	救済対象	救済者	救済の条件
キリスト教	22.54億人 (33.4%)	・キリスト者 （他宗教・異端者を排除）	・唯一絶対神 （全能の人格神：ヤーウェ）	・原罪の認識 ・ただ祈りのみ（プロテスタント） ・信仰義認（行為義認）？
仏　教	3.84億人 (5.7%)	・衆生 ・山川草木悉有仏性	・多数の仏の役割分担 ・菩薩	・専修念仏（浄土教）
イスラーム	15億人 (22.2%)	・ムスリム	・唯一絶対神としてのアッラー	・二つの法源（クルアーン，ハーディス）を信ずる者と，その理解者

注：キリスト教信者のうち，カトリック約10.8億人，プロテスタント諸派計約3.5億人，正教会 約2.2億人，その他教派約3.9億人：2002年（他資料で補足）。ヒンドゥー教徒9.136億人（13.5%），無宗教 7.69億人（11.4%）。総計67億496万人（『ブリタニカ年鑑』2009年版）。%の分母は信者数の総計。
出所：筆者作成。

に説が積み上げられてきたのものではないのか。

多神教である仏教の仏は各々の役割において多様である。たとえば，病気の救済を行う薬師如来などである。

ならば，仏教（の教え）とは何か。それは釈尊が最初に説いた『法句教』（ダンマパダ）を見ることによって，原初の視点が得られる（第4章第5節）。

③　イスラームにおける救済

唯一絶対神としてのアッラーを信じ，二つの法源（クルアーン［コーラン］，ハーディス［ムハンマドの言行録］）を信ずる者と，その理解者が救済される。

これらの三大宗教の救済の概観は表5-2のようになる。

宗教多元主義とは何か

現代の宗教多元主義（religious pluralism）においては，真なる宗教とは何なのかに関して，次のような種々の主張が存在する。

いかなる宗教も最終的・絶対的・普遍的な真理を保持していると言うことはできない[25]。

宗教多元主義の最大の研究者・主張者であるヒック（Hick, J.）[26]が言う主眼点は次の通りである。

① 「『キリスト』中心から『神』中心に」——「コペルニクス的転回」を果たし,「究極的に同一の神的存在のまわりを回っている[27]」

② 「救い」への道は多数あることを素直に認める。

③ キリスト教は数ある宗教の一つにすぎない。様々な宗教は,その文化・歴史・伝統における神の問題の答えとして,それぞれに正しい答えであると考える。

④ ヒックの根本的な考えは,「キリスト教の排他性は神の愛に反する」とするのである。

⑤ ヒックは言う,「単一の世界宗教はありえないし,またそれが願いの到達点でもない」。

しかし,キリスト教長老派牧師でもあるヒックには,自分の宗教の根本教義を否定する発想を持っているという批判がなされている。

しかし,他宗教においても次のようなことが考えられている。

イスラームは言う,

「宗教に強制があってはならない」(クルアーン2：256)。

「あなたは人を無理やり信者にすることはできない。アッラーの許しがなければ,誰も信仰に入ることはできない」(クルアーン10：99-100)。

宗教多元主義における社会福祉の援助対象

理念として無差別平等(他の宗教信者をも含む)を持つ社会福祉は,それぞれの宗教の中で,どのように考えられるのか。

① キリスト教の社会福祉

「救済」「神の似姿としての人格」「神の下の平等」「隣人愛」に基づく。

② 仏教の社会福祉

釈尊の言葉(ダンマパダ：法句教)に「人は愛してはならない」とある。なぜなら,すべての「愛」は「渇愛」(タンハー)から生ずるからである[28]。

③ イスラームの社会福祉(包括主義：inclusivism)

イスラーム法に基づく五つの「行為」の中の「推奨行為」に「サダカ」(自

第 5 章　社会福祉と宗教

表 5 - 3　世界三大宗教による援助

	援助対象	援助者	援助の基盤
キリスト教	・クリスチャン ・全ての人 (cf. マザーテレサの実践)	・クリスチャン・ワーカー ・キリスト教組織	・アガペー （隣人愛）
仏　教	・仏教徒 ・全ての人	・在家信者 ・仏教組織	・愛してはならない→なぜなら渇愛（タンハー）となるから →慈（マイトリー）と悲（カルナー）
イスラーム	・信者同士の相互扶助 ・イスラームを認める者 ・ズィンミー（庇護民） ［経典の民(*)]	・同じムスリム ・「ムスリム同胞団」	・ザカート（義務的喜捨）と ・サダカ（自発的喜捨）

注：(*) イスラームの教えに従い，ジズヤ（人頭税）とハラージュ（土地税）を支払う義務。

発的喜捨）が位置づけられる。また，「規範」としての五つの「行」の中に「ザカート」（義務的喜捨）が位置づけられている。

　このように見てくると，次のような疑問が生じてくる。キリスト教の「神の下の平等と隣人愛」，仏教の「すべての衆生への慈悲」，イスラームの「包括主義」において，「社会福祉の対象」には，他宗教の熱心な信者（その宗教の排他主義者）も含まれるのか（表 5 - 3 ）。

　これに対する一つの見解を紹介して本章を終わることとする。

　　「キリスト教が他の宗教を排して，キリスト教でいう『神の国』を実現できるとは思われないから，キリスト教でいう『神の国』と到来の過程として，キリスト教には自己理解のための再解釈が必要ではないのか。」[29]

　これは他の宗教にも言えることであろう。

注・引用文献

(1) 阿満利麿『仏教と日本人』ちくま書房，2007年，26ページ。また，阿満利麿『日本人はなぜ無宗教なのか』ちくま書房，1996年，11ページ。
(2) 新宗教と新興宗教の相違については，次のものを参照。島田裕巳『日本の10大新宗教』幻冬舎新書，2007年，19ページ。

第Ⅱ部　援助するために必要なもの

(3)　上原英正『福祉思想と宗教思想——人間論的考察』学文社，1995年，212-213ページ。バールトは次の著作の編者である。バールト，H-M.，パイ，M.／箕浦恵了編『仏教とキリスト教との対話——浄土真宗と福音主義神学』法蔵館，2000年。
(4)　秋山智久「社会福祉実践におけるプロテスタントと浄土真宗の近似性——他者の関わりと救済の視点より」『キリスト教社会福祉学研究』39号，2006年，25ページ。
(5)　前掲書(3)，95ページ。
(6)　前掲書(3)，210ページ。なお，同前書，215ページの次の指摘に注意しておかなければならない。「ただし，仏教では『神』存在を説かないのであるから，その批判的論理もいわゆる「無神論」とは言えない。しかし，ここでは『宗教的なるもの』にたいする批判の論理構造においての類似性，および異質性について述べる」。
(7)　吉田絃二郎の作品に『人間苦』があり，その中に次のような言葉が出てくる。「不幸な人は一生，不幸に生まれついているに違いない」。
(8)　岡村重夫のいう社会生活上の七つの基本的要求とは次のものである。(a)経済的安定，(b)職業の機会，(c)身体的・精神的健康の維持，(d)社会的共同，(e)家族関係の安定，(f)教育の機会，(g)文化・娯楽に対する参加の機会。岡村重夫『社会福祉学（総論）』柴田書店，1959年，120ページ。
(9)　三宅敬誠『宗教と社会福祉の思想』東方出版，1999年。三宅は，宗教法人山の寺念仏寺住職。1990年，佛教大学仏教社会事業研究所研究員。
(10)　同前書，283ページ。
(11)　岡村重夫が，最晩年，逝去する直前に「人間は死んだらゴミ，産業廃棄物」，だから葬儀はするな，と語っていたという。2001年12月22日の死去の後，弟子達によってもたれた「偲ぶ会」での身近な弟子の話。
(12)　前掲書(9)，32-38ページ。
(13)　社会性の原理，全体性の原理，主体性の原理，現実性の原理。岡村重夫『社会福祉原論』全社協，1983年，95ページ以下。
(14)　英国における伝統的な公私関係論は次のようなものである。
　　　1　多数公営・少数民営論，2　繰り出し梯子理論，3　平行棒理論，4　協力関係論（車輪論），5　批判的協力関係論。
(15)　英国のリチャード・ローズなどが検討した公式は，TWS＝H＋M＋Sである。TWSはTotal Welfare in Societyで社会における福祉の総量を指し，それはH（Home：家庭重視：日本型），M（Market：市場：アメリカ型），S（State：国家：北欧型）の和によって，測られる。
(16)　丸山眞男『増補版 現代政治の思想と行動』未来社，1964年，15-16ページ。
(17)　日本国憲法第89条では「博愛の事業」と表現されているが，これは法律上の類推解釈によって「社会福祉事業」と読むことになっている。
(18)　法学協会編『註解日本国憲法』有斐閣，1974年。

第5章　社会福祉と宗教

(19)　前掲書(9)，93ページ。
(20)　「宗教間分断　過激派生む」『読売新聞』2014年1月22日。
(21)　その代表的な批判は次のようなものである。
　　　宗教多元主義では「現在の世界にみられる多様で具体的な宗教的伝統が，やがてすべて『究極的実在』（the Real：英語は筆者加筆）と人間との遭遇というひとつの枠組みに収斂されてしまい，それぞれの宗教がもつ独自性が話題となることなどなくなる」。
　　　（塩尻和子『イスラームの人間観・世界観――宗教思想の深淵へ』筑波大学出版会，2008年，269ページ）。
(22)　日本基督教社会福祉学会調査研究委員会（委員長・秋山智久）『現代のキリスト教社会福祉――意義・現状・課題（全国調査報告書）』1997年6月，62-63ページ
(23)　ヒック，J.／間瀬啓充訳『神は多くの名前を持つ』（原著：God Has Many Names）（1980）岩波書店，1986年，解説223ページ。
(24)　小原克博「宗教多元主義モデルに対する批判的考察――『排他主義』と『包括主義』の再考」『基督教研究』第69巻第2号，2007年，9および20ページ。
(25)　前掲書(23)，解説225ページ。
(26)　ヒック（John Hick, 1922年1月20日‐2012年2月9日：90歳没）は，イギリスの宗教哲学者，神学者である。オックスフォード大学を経て，ケンブリッジ大学でPh. Dを受ける。長老派教会牧師，コーネル大学助教授，プリンストン神学校教授，ケンブリッジ大学助教授（神学担当）などを経て，カリフォルニア州クレアモント大学院大学　名誉教授（宗教哲学），バーミンガム大学H・G・ウッド記念神学教授，ウェールズ大学ランペター校（University of Wales, Lampeter）名誉教授，イギリス宗教哲学会副会長，世界信仰協議会副会長などを歴任。エディンバラ大学より文学博士（D. Litt.）授与。宗教多元主義に関する多くの著作（参考文献・参照）以外に，『神の受肉の神話』（The Myth of God Incarnate）の編者である。ハーバード大学，ロンドン大学などで講義，二回来日。
　　　前掲書(23)213ページおよび，間瀬啓充・稲垣久和訳『宗教の哲学』勁草書房，1994年，（あとがき）308ページなど，参照。
(27)　前掲書(23)，11ページおよび（あとがき）225ページ。
(28)　秋山智久「社会福祉実践と愛――『人』に働きかける愛とはなにか」『キリスト教社会福祉研究』第42号，2012年，67ページ。
(29)　前掲書(23)，解説239ページ。

第Ⅲ部
社会福祉とは何か

第6章

社会福祉の目的

1 社会福祉の目的／社会福祉実践の目的

「制度としての社会福祉」と「実践としての社会福祉」

　社会福祉における「制度と実践」は利用者に社会福祉のサービスが届く時の二大要素である[1]。従来，この「制度」と「実践」は，戦後のわが国の社会福祉論争の中で，制度論・政策論と方法論・技術論の対立として，永く争われてきた概念である。

　歴史的にも，リッチモンド（Richmond, M.）の「卸売り的方法」と「小売り的方法」という用語の下に，社会福祉とは何をすることなのかが問われてきた概念でもある。しかし，こうした古典的二元論の論争を，グループワークのコノプカ（Konopka, G.）は「破壊的なやり方にふける」ものだとして，その不毛な対立を批判した。

　こうした社会福祉論争を経て，今日のわが国では，これらの概念は，一応「制度としての社会福祉」（社会福祉における「構造」）と「実践としての社会福祉」（社会福祉における「機能」）という理解において，社会福祉を構成する二大要素として，相互に必要な要素として認識されているといえよう[2]。さらに今日では，生活モデルにおける生態的アプローチにおいて「人：環境の交互作用」として不可分に結びついている概念となっている。

　ただし，筆者が社会福祉を「構造・機能・価値」という三つの視点から考察する立場をとる場合に，その「価値」は多くの場合「実践としての社会福祉」

の中の社会福祉の実践主体や権利主体（＝生活主体）の価値観の中や，「制度としての社会福祉」の中の政策主体の価値観の中で検討されるのであって，この二大要素の表現の中に「価値」が含まれていないというわけではないことをあえて断っておかなければならない。

社会福祉の目的

基本的な社会福祉の目標を考察してみたい。また，社会福祉従事者が行う「実践」とは何を目標としているのであろうか。この「実践」も社会福祉の機能の一つである以上，その目標の基礎には社会福祉の目標がある。この社会福祉の「マクロの目標」には，次のような四点が考えられる。

① 生存権の保障（最低生活保障）

もっとも基本的な目標として，憲法第25条に基づく「健康で文化的な最低限度の生活」が先ず保障されなければならないという目標がある。そしてより人間らしい生活を目指して「生活の質」（QOL；Quality of Life）を高めることが必要となる。QOLのL（life）には，「生命，生活，人生（生きがい）の質」という3層構造がある。現在では第3番目の「人生の質」が，施設でも在宅でも問われているといっていい。このQOLを支えるものとしてQWL（Quality of Working Life；労働生活の質）が保証されなければならない。また最近では「ケアの質」（QOC）や，社会福祉従事者自身のQOLも問題とされている。また最終的にはQOD（死の質）も保証されなければならない。

② 社会生活上の基本的ニーズの充足・調整

もっとも基本的なニーズ（Basic Human Needs）としての上記①の生存権の保障以外にも，住宅・労働・教育・医療・文化・娯楽などの分野に関連しつつ，生活障害として出現している社会的ニーズの不充足・不調整に対して，それが充足・調整できるように生活者である社会福祉利用者を援助していかなければならない（公的にこれを保障する場合に，具体的には，「生活保護法」第11条の「八つの扶助」がこれに該当する。抽象的には，岡村重夫の「七つの基本的要求」がある）。

③ ノーマライゼーションの推進・達成

現代社会の差別・偏見の中に存在している弱い立場にある貧困者・高齢者・障害者・児童・女性などに対する援助は、収容保護や隔離的状態から脱して、社会的インテグレーション（統合）やソーシャル・インクルージョンを通して「皆が一緒に、地域社会で、普通の生活をする」というノーマライゼーションの理念に近づくようにしていかなければならない。

④　福祉社会の実現

「人間尊重」を第一義とする、平和で人間らしい生活を送れるような社会を実現していくことは、社会福祉政策・実践のみで達成されるものではないが、それでもやはり社会福祉の究極的目的として挙げておかなければならないものである。「福祉国家」は制度に大きく関連し、「福祉社会」は理念に関連するといっていい（ロブソン（Robson, W. A.）『福祉国家と福祉社会』参照）。最近ではより小さい「福祉コミュニティ」や、国籍・国境の壁を乗り越えた「福祉世界」が論議されている。

こうしたマクロの社会福祉の目的に次いで、ミクロの社会福祉実践の目的を検討してみる。

社会福祉実践の目的

まず、ミクロの「社会福祉実践の定義」を示しておこう（社会福祉活動ではない。本書34ページ参照）。

>「社会福祉実践とは、一定の社会体制内にある社会福祉制度の下で、社会生活上の基本的ニーズの充足・調整が欠けることにより、社会福祉サービスの利用を必要とする人（国民大衆＝労働者）の問題解決・援助を目的として、その個人・家族とそれを取り巻く環境（制度・施設などを含む）に対して、社会福祉の専門的な知識と方法と価値観を持った社会福祉従事者（代表はソーシャルワーカー・ケアワーカー）が働きかけていく行為である」（筆者定義）。

その社会福祉実践（ソーシャルワークを含む）には、次のような五つの目的が考えられる。

① 社会福祉利用者の理解と受容

　社会的に弱い立場にあり，生活苦と人間関係の中で押し潰された，辛い状況にある社会福祉利用者（クライエント）の苦しみを，まず「あるがままに」受容（acceptance）し，理解し共感することは，すべての援助の始まりであり，基礎である。ソーシャルワーカーに何かが具体的にできなくても，人間は十分に理解され受け入れられるだけで，自らの内側に力が沸き出し，立ち上がろうとする。これが共感的理解と「傾聴愛」（listening love）に基づく「心理的サポート」である。

② 社会福祉利用者の変化と発達の可能性への信頼

　社会福祉実践の目指すものに「変える」ということがある。それは，(1)社会福祉利用者（クライエント）の生活と人権に不利益をもたらす行政・制度や資源・環境のあり方を変え，(2)正常な社会生活に適応しがたい社会福祉利用者自身の生活と行動と意識を変え，(3)地域社会にある住民の差別意識を変え，(4)関わっていく社会福祉実践者自身の価値観と態度を変えることを意味する。

　その中で社会福祉実践者は，社会福祉利用者が変わることを信じ，そのわずかな，しかし人間としては尊い可能性を見出し励ます。

　変化を求めず，「このままでいい」なら，社会福祉はすることがない。しかし，「人」は変わるか，「人」の「何」が変わるのかは，検討し続けていく課題である。そして，「人は変わる，しかし，直ぐには変わらない」ということも銘記しておく必要がある。

③ 社会福祉利用者の社会的生活力への支援

　かつて社会的機能の強化（social functioning）といわれたものと同義であり，社会福祉利用者が社会生活（家庭生活）において，自我を強化して，スムーズな社会関係・人間関係を成立することができ，社会的存在として社会の中で生活していける力を支援することである。そのためには，社会福祉利用者を取り巻く社会生活上の課題や障害に対する社会福祉利用者自身の「対処能力」（coping ability）を支援することが必要であるとされる。これは簡単に言えば，社会で「生き抜く力」を備えることであり，ソーシャルワーカーはその主体で

ある個人の努力に側面的に援助する。さらに社会福祉利用者・ソーシャルワーカー・地域社会のエンパワメントも強調されなければならない。

また、社会福祉利用者自身の「ストレングス」に注目するストレングス視点または「ストレングス・モデル」、つまり、従来のパターナリズム（父権的保護主義）に立つソーシャルワーク関係を根底から逆転するという視点（弱さ・弱点にも「その人らしさ」という意味を見出す）に深く注目していかなければならない。

こうしたエンパワメントとストレングス視点や、ボランティアやNPOの重要性、また地域住民主体などが強調される時、ソーシャルワーカーは何をする人なのか、さらにはソーシャルワーカーは必要なのかという、その意義と役割が根本的に問われるであろう。

④ 社会福祉利用者の自立（自律）

自立には、身辺自立、住環境自立、経済的自立、精神的自立、社会的自立などがあるが、[6]いずれにしても自律して不要な依存をしないという意味合いが含まれる。その際、重度の障害者などには、従来の「自立」の概念が適用し難い点もあり得ることから、自立の概念を拡大することが求められる。

そこで1978年にアメリカ自立生活調査研究所が出した次のような自立の定義は極めて明解である。

「日常生活における自己選択、自己決定、自己管理、そして自己実現の行為と過程を自立という」。

こうした自立を社会福祉従事者が側面的に援助する。それを通して、本人らしさと、本人の希望・意欲に基づく、社会参加が可能になるのである。

⑤ 社会福祉利用者の自己実現

「援助」の究極的な目標は、社会福祉利用者の自己実現である。この世に生まれた、その人なりに力いっぱい生きた結果、自らが心満ち足りて「人間らしく良く生きた」と自分の人生を評価できる境地に向かって、援助することである。このことは決して主観的な自己満足ではない。なぜならこの自己実現の前提には、単なる平均値としての生活水準（level）とは異なった「人間らしい生活における社会生活上のニーズの充足」という客観的な標準（standard）があ

第Ⅲ部　社会福祉とは何か

図6-1　幸福・福祉・社会福祉・ソーシャルワークの相違点

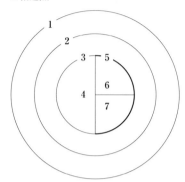

1．幸福　2．福祉　3．社会福祉（4＋6＋7）
4．社会保障（最少円の左半分）
5．社会福祉実践（最少円の右半分のみ（太線），6＋7）
6．ソーシャルワーク　7．ケアワーク・保育他
　注：1と2の間には「天候・自然」が入る。つまり，天候が悪いのは幸福ではないが，福祉が低いとは言えない。2の福祉と，3の社会福祉は異なる。この場合，英国の概念では，福祉とは社会サービス（social services：複数）で，住宅，教育，医療，公衆衛生，雇用と，対人福祉サービス（personal social service：単数）が入る。
出所：筆者作成。

るからである。

2　社会福祉の理念と幸福

幸福・福祉・社会福祉・ソーシャルワークの相違点

　まず，これらの用語の相違点を図6-1のように示しておく。ただし，細かい点において，研究者の間では見解の相違があるかも知れない。たとえば，3．社会福祉が，4．社会保障より大きいか（研究者の見解），小さいか（厚生労働省の見解）などである。

第 6 章　社会福祉の目的

福祉とはなにか

　社会福祉は，人間の幸福と不幸に関係がある。日本国憲法第13条にも「幸福追求権」(生命，自由及び幸福追求に対する国民の権利)が記されている。

　そもそも「福祉」の文字そのものが「幸福」を表す。「福」はもちろん「幸福」の中の積極的幸福を表す。積極的幸福とは，病気とか心の不安がないという消極的幸福に，人間の幸せを増進向上させるもの（喜びなど）が加わった状況をいう。「幸」は「辛い」ことがないという消極的幸福を表す。

　ならば「祉」の文字は何を表すのか。筆者は寡聞にして日本語において「祉」の文字が「福祉」以外に使用されているのを知らない。その意味において実に特殊な文字と言わなければならない。しかし中国語にはこの「祉」を用いた熟語がいくつかある。「天祉」「帝祉」「垂祉」などである。いずれも中国思想の中でいう「天帝」が天から垂れ給う幸せを意味する。つまり「祉」（漢字で神と同じ示偏を持っている）とは「神」が与え給い，神がとどまる幸せを意味するのである。

　「福祉」という語が最初に使用されたのは，中国の漢の時代の書『易林』と言われる。そこには次のようにその意味が記されている。

　　　福祉とは「極みなき齢いを全うして，喜びに与かること」

　障害者になるということは不幸なことなのか，認知症になることは不幸なことなのか，貧しいということは不幸なことなのか，逆に社会的・経済的な諸問題，生活障害を持たずに生きていくことは幸福なことなのか。

　そもそも，生まれなかった方が良かったのではないかという問いかけがある。(生まれなかった方が良いということを書いた文学作品，たとえばハーディ（Hardy, T.）『テス』など，たくさんある)。

　旧約聖書の「伝道の書」の作家は，次のように書いている。

　　「既に死んだ人を幸いと言おう。更に生きていかなければならない人よりは幸いだ。いやその両者より幸福なのは，生まれて来なかった者だ。太陽のもとに起こる悪いわざを見ていないのだから」（コヘレトの言葉 4 章 2 ～ 3 節)。

第Ⅲ部　社会福祉とは何か

　しかしこのような人間の幸福と不幸の問題を社会福祉「学」はあまり問題としてこなかった。従来の「社会科学としての社会福祉学」という考え方には，幸福・不幸という価値，しかもかなりの部分，主観的な内容を含むこの問題は「科学」の対象になり得ないという伝統的な思いこみがあったからと考えられる（本書，58ページ参照）。

幸福とは何か
　幸福の「幸せ」という文字とよく似ていて，真反対の意味の文字がある。「辛い」という文字である。この文字の象形文字は，人間が立って胸の前に両腕を並行においている形を表す。つまり，両腕に手枷がかけられていないという「消極的な幸福」を表す。ところで，この文字「辛」の上部に，横に一本入れると「幸」になる。であるならば，苦しんでいる「人」に何を一つ加えると幸せになるのであろうか。それは「人」それぞれであって，その「人」の不充足または不調性の状態に有るニーズによる。
　①　世界の幸福論
　英国（ラッセル（Russell, B. A. W.）），フランス（アラン（Alain）），スイス（ヒルティ（Hilty, C.）），ドイツ（ショーペンハウアー（Schopenhauer, A）），日本（三谷隆正）はそれぞれの幸福論を書いている（すべて岩波文庫）。
　このように五か国で同じ名の「幸福論」があるということは，幸福が人類共通の関心事であることを示している。それぞれの幸福の内容（定義）は異なるので，ここでは分かりやすい幸福の概念を紹介しておく。
　法学者の三谷隆正は，古代ギリシャ時代のエピクロス派の哲学の幸福論を紹介し，非常に簡明な言い方で幸福を説明している。
　幸福とは何であるか，1．消極的には苦痛のない事，2．心が平安であること，3．積極的にはそれにプラス喜びのあること（三谷自身はこれを感情的幸福論として否定している）。
　マザー・テレサも，「喜びを運ぶ器」になりなさいと，「喜び」に力点を置いている。

② 幸福論の共通点

先述した五つの幸福論にはそれぞれの特徴があるが，しかしその中になお，人間の幸福に関する普遍的な共通点を探ることができる。それらは次のような五点である。

一点目は，「幸福とは良いことである。求めるべきものである」という考えである。そんなものはいらないと言って斜め半身のすねた構えをとる人もいれば，「我に七難八苦を与え給え」（戦国時代の尼子藩の武士，山中鹿介）の言葉のような，苦難こそ人を鍛えるという人生の信条を持つ人もいるが，基本的には「理性は幸福を禁止するものではない（ラッセル）」のである。それが人間の自然で素直な態度なのであろう。

二点目は，「幸福は努力によって得られる」ということであり，それは求めなければ得られないものである。

しかし次のことも忘れてはいけない。ラッセルは言う。努力をするといっても，「中庸を守ることが必要である一つの点は，努力とあきらめのバランスに必要である」。「あきらめも，また，幸福の獲得において果たすべき役割がある。その役割は，努力が果たす役割に劣らず欠かすことができない……避けられない不幸に時間と感情を浪費することもしないことである」。

三点目は「すべてが満たされていることが幸福というわけではない」ということである。自分の人生に望ましい，または欠けている何かを求めようとする「意欲」こそが，人の心を奮い立たせ，そこに充実感をもたらす。しかしわれわれはついこのことを勘違いしてしまい，すべてが満たされてこそ幸福であって，足りないものがあることは不幸なことなのだと思ってしまう。

四点目は，「幸福の要素には，外的条件と内的条件がある」ということである。

ヒルティによれば，外的なものは「富，名誉，生の享楽一般，健康，文化，科学，芸術」などであり，内的なものは，「やましくない良心，徳，仕事，隣人愛，宗教，偉大な思想と事業にたずさわる生活」などであるという。

しかし社会福祉の視点からは，外的条件としての社会システム・制度や環境

と，内的条件としての本人の心理・性格・気持ちの持ち方の，双方を重視して考察しなければならないだろう（コノプカ（Konopka, G.）の言葉：「ソーシャルワーカーは事実と価値の双方の世界に住んでいる」を想起する）。

そこでは多くの幸福論が述べているような本人の主観的幸福，心理的な幸福だけにとどまることはできないことを，社会福祉関係者は知っている。

それは，「社会生活上の基本的ニーズの充足・調整」が必要であり，その根底には最低生活保障という課題がある。そのような外的条件をまず満たしたうえで，本人の人生上の自己決定や自己判断，自己責任が生じるのである。つまり社会福祉関係者は，社会福祉利用者の自己選択の基本的な基盤は整えておくという考え方をする。

五点目は，これが複雑であるが，「他人の幸福を願う行為には，往々にしてカゲリがある」ということである。それは不思議なことであるが，人間の心理の一面である。

多くの幸福論を見ていると，他人の幸せを願って，そのために安易に働きかけることには注意を喚起している。それらは，なぜあなたが他人に対してそのような働きかけをしようとするのか，をまず問う。

たとえば，ヒューマニズムに関して，いろいろ問題点がある，と指摘する著作（ショーペンハウアー）などは多い。すべての人の行為ではないが，他人の幸せに関するある種の人間の行為にはそういう陰の部分があるという鋭い指摘に気づかなければならない。

そしてショーペンハウアーはいう。

「人間の幸福の主要な源泉は人間自身の内面に湧くものだ」[11]。

「だから人間は外部から救いの手を伸ばしてもたいして救われないものだ」[12]。

またヒルティもヒューマニズムに触れて，次のように指摘している。

「人類のみに奉仕する高貴の人たちはすべて，ひどく倦み疲れるものである。これが……いわゆる『ヒューマニズム』の欠点である」[13]。

「救世主（メサイア）コンプレックス」という用語がある。「人」に関わり，

援助していこうと働きかける側の人の内面には，人を助けることによって自分の内に有るコンプレックスを覆い隠そうとしたり，密やかな優越感を感じて自らの慰めとするという心理が働くということを意味する用語である。また，病的に「人」に依存することによってお互いに必要とされる感覚を持つ「共依存」に陥る人は，保健医療関係者，教員，保育士，ソーシャルワーカー，ケアワーカーなどのヒューマンサービス（援助専門職）の職業に多いといわれる。

社会福祉の関係者には「相手を援助するように見せかけながら実は傷つけている」（雑毒の善）という状況が多くあるのだということを，おそらくは，この幸福論の著者たちは「カゲリ」だとか「陰の部分」という形で教えているのではないか。

3 基盤としての平和

社会福祉と平和の関係

本章を終わるに当たって，社会福祉と平和の関係についてふれておく。

今日の世界と日本にはまた，紛争の暗雲が漂っている。「いつか来た道」である。シリアの政権争い，中東のスンニ派とシーア派の確執，IS（イスラム国）の暴挙，東シナ海を中心とする米中の駆け引き，わが国の集団的自衛権，安全保障関連法案の動きなどがある。

社会福祉の基盤には，平和が存在する（図6-2）。それは逆に戦争によって，どれだけ反福祉的なものが生じるかを考えれば，理解できる——死者，餓死，戦争孤児，戦争未亡人，障害者（傷痍軍人），貧困，失業——。この場合，平和とは「戦争のないこと」を意味している。狭義で，消極的な平和の概念である。

平和学

しかし，平和学（peace study）では広義の概念を使用している。平和は，住宅，食糧，医療，教育，雇用など，そして社会福祉があることによって成立する。図6-3の通りである。この場合，平和とは，「総合的な人間の幸福」を示

図6-2 社会福祉における「平和」の位置
　　　（一般的な見解）

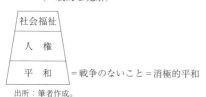

出所：筆者作成。

図6-3 平和学における「平和」の位置

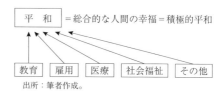

出所：筆者作成。

している。平和学では「構造的暴力」（貧困や失業など）の無い状況を「積極的平和」（positive peace）⁽¹⁴⁾という。

"社会福祉の前提としての平和"の考えを逆転させ，「福祉こそ平和の前提」であることを主張している⁽¹⁵⁾。

われわれ社会福祉関係者が，「社会福祉的人間観」「社会福祉哲学」の根底に位置するものとして燃やし続けていなければならない炎を再度確認して，本章を終えることとしたい。

それは，「人間」を根底から否定し破壊する戦争を憎む⁽¹⁶⁾，平和への熱い想いである⁽¹⁷⁾。

注・引用文献

(1) 秋山智久『社会福祉実践論――方法原理・専門職・価値観』（改訂版）ミネルヴァ書房，2005年，2-3ページ。
(2) 「構造と機能」の簡明な関係は次の表現にある。「構造が機能を可能ならしめ，機能が構造を意義付ける」（嶋田啓一郎『社会福祉体系論』ミネルヴァ書房，1980年，116ページ）。
(3) 三つの代表的なノーマライゼーションがある。
　　①バンク - ミケルセン（Bank-Mikkelsen, N. E.）（1950年代・デンマーク）は，ノーマライゼーションの「目的・理念」を示した。
　　②ニーリェ（Nirje, B.）（1960年代・スウェーデン）は，「方法・八つのプログラム」を提示した。
　　③ヴォルフェンスバーガー（Wolfensberger, W.）（1970年代・北米）は，統合されたノーマライゼーションを示した。
(4) 社会福祉実践とソーシャルワークの違いは，社会福祉実践の方が広義で次の内容

を含む。

　①ソーシャルワーク，②ケアワーク，③レジデンシャル・ワーク（居住施設援助技術），④社会福祉関連技術（スーパービジョン，ケアマネジメントなど），⑤保育技術。詳しくは，前掲書(1)，63ページ。

(5)　1997年10月の全米ソーシャルワーカー協会100周年大会のテーマは3C（Choice, Challenge, Change）であり，ソーシャルワーカーの役割は「変える」ということであった。

(6)　谷口明広「『自立』の思想」大塚達雄・阿部志郎・秋山智久編『社会福祉実践の思想』ミネルヴァ書房，1989年，131-135ページ。

(7)　ラッセル，B.／安藤貞雄訳『ラッセル幸福論』岩波文庫，1991年，27ページ。

(8)　同前書，259ページ。

(9)　同前書，30ページ。

(10)　ヒルティ，C.／草間平作訳『幸福論』（第1部）岩波文庫，1961年改版，210ページ。

(11)　ショーペンハウアー，A.／橋本文夫訳『幸福について——人生論』新潮文庫，1973年改版，38ページ。

(12)　同前書，11ページ。

(13)　前掲書(10)，68ページ。

(14)　ガルトゥング，J.「『積極的平和』の真意」『朝日新聞』2015年8月26日。

(15)　岡本三夫「平和と社会福祉」『社会福祉研究』第20号，1977年，参照。

(16)　これを「非戦思想」として，深く考察した著作がある。加藤博史「非戦思想の根拠」『福祉哲学——人権・生活世界・非暴力の統合思想』晃洋書房，2008年，122ページ以下。

(17)　秋山智久「社会福祉哲学の構想——平和・人権の希求と社会福祉的人間観の確立」前掲書(1)第17章，および，同名論文『社会福祉研究』30号記念特大号，1982年。
　現在，世界で最も力のある核ミサイルはB83で，1945年に広島に落とされた原子爆弾Little Boyの約200倍の威力を持つ。また，世界の核兵器の数は，ロシアの所有数6375個，米国5800個，中国320個など，計1万3440個（2020年：ストックホルム国際平和研究所）である。これで地球全体を数十回にわたり，破滅させることができるという。

第7章

社会福祉実践の原理と原則

1 社会福祉実践方法の原理の性格

　社会福祉実践方法の「原理」とは何であろうか。いずれの分野においても，原理とはもっとも根本的な法則，価値，視点などを意味している。それは，現実の種々の諸相，多様性を貫通してすべての状況に適合する普遍性を持ったものである。しかし，そのような「原理」が，人間と社会を対象とする社会福祉の実践に存在するのであろうか。それらの原理の本質と性格を考察してみる。

原理と原則
　社会福祉実践の原理と原則を分けて理解し，体系化することはそれなりの意義がある。狭義の原理だけであれば，それはワーカーの側の実践のいわば望ましい態度論となって，ワーカーの信念なり，価値観としてワーカーの実践を正しく規制し，その大局的な方向を示すものではあるが，それは多分に抽象的であり，日常の個々の実践の指針に直接的・具体的に結びつくことはやや困難である。
　しかし，原理といった場合にも，その中には，価値観が濃厚である厳密な意味での「原理」と，多分に技術的・手続的な「原則」とが含まれていることがある。
　たとえば，コノプカ（Konopka, G.）は，原理とはグループワークの「基礎をなす価値体系」と表現している。その中でも，特に主要な二つの価値を，「個

人の尊厳」と「人間の相互責任」として，これらを専門ソーシャルワークの「絶対的価値」として認識し，実践にとって自明の理とみなしている。その上に，コノプカはこの二つの絶対的価値に基づいてひき出される実践上の価値を実現するために，積極的人間関係，協力の価値，参加の自由などの価値を挙げている[1]。

別の例として，わが国の生活保護の原理・原則を例に検討してみる。生活保護は国家責任のような三原理（生活保護法第1～3条）と，申請保護のような四原則（同法第7～10条）で構成されている[2]。

この中で原則は運用上，多分に実践技術的・法技術的な法則である。ただしこの場合，技術的といっても，その背後にはそのことを妥当とする価値観が存在している。

原理・原則とは，ほとんどがワーカーの側の原則である。ワーカー主導型のソーシャルワーク実践の基本的価値観とワーカーの行動指針がその具体的な内容となっている。このことは後述するように，これらの原理・原則を，クライエント（権利主体・当事者）の側から再検討する時に重要な意味を持ってくる。

そしてこの時点において，「契約」の原則が成立する。社会福祉実践方法における「契約」（contract）とは，措置の委託契約といった法的な契約でなく，時には文書も必要としない。しかし，その意義としては，第1に，援助の過程においてクライエントが受け入れがたいやり方や手段で，また，自分が望まない目的に向かって，操作されることを防止するという価値的・原理的な意義がある。第2には，契約はクライエントがサービスを継続して求める可能性を増大させ，クライエント自身の参加の度合を向上させるという効果を持っている[3]。

この場合，契約という技術的原則が，人間尊重という基本的原理を補強するという関係にある。次に述べるバイステックの7原則に関しても，「道徳的側面」と「技術的側面」とをあわせて持っている場合が多い。

「原則」の批判的検討

ソーシャルワーク実践の「原則」の具体的な検討のために，その対象として

バイステック（Biestek, F. P.）による有名な「ケースワークの7原則」（Biestek Seven）を取り上げてみることとする。この原則は、まさに本節の原理と原則の関係における「原則」である。

バイステックは1957年に『ケースワークの原則』を著した米国・シカゴ郊外のロヨラ大学のケースワークの教授であり、これは彼の牧会の実践から生み出した原則であった。約60年以上前の理論であるので、アメリカではもう古いものだとされ、注目されていないが、わが国では、ソーシャルワーカーがいかに行動すべきかを端的・明確に示したもので解りやすく、実行しやすい原則として今日でも評価されている。

ここで行う「検討」とは、それが「無効」であるかどうかということではなく、「どこまで有効であるか」について考え、それ故に「どこまで原則であり得るのか」という限界の検討なのである。

① 「個別化」の原則について

この「個別化」と共に後述の「受容」と「自己決定」の原則は、それらはすべてその基礎に「人間尊重の原理」を置いているが、その「人間尊重の概念が論証されることはまれであり、それは前提条件にとどまっている」という哲学者からの指摘がある。つまり、原則の基盤そのものが立証されていないというのである。しかし、バイステックの場合には、これを「有神論的議論」から分析しようとした数少ない試みであることも断わっている。

この「個別化」の原則は、ソーシャルワーク実践において、きわめて重要な位置を占めているが、この原則の実施面においては、福祉事務所のケースワークや、施設処遇において、クライエントが一つの「ケース」として簡単に分類されることによって、「個別化」が軽視されている状況は散見されるところである。

② 「意図的な感情の表出」の原則について

クライエントがその感情を自由に、「特に否定的な感情を表出する必要があることを認識」するというこの原則は、正にケースワーク原則の「技術的側面」を表したものである。

この原則自体については，文化的な側面を強く考慮する必要がある。たとえば，日本人が人前で感情を安易に表すことを戒めたり，ジャパニーズ・スマイルとして意思を曖昧にする日本と，反対に表情豊かなことが魅力である欧米とでは，全く原則の適用の状況が異なる。まず文化的な抑圧の解明から考慮しなければならず，日本人の「表情が固い」ことを個人的な性格・抑圧に単純に帰してしまうわけにはいかない。

③ 「受容」の原則について

実習・実践ではまず，この「受容」(acceptance)が強調される。

クライエントを「あるがままに」受け入れ，彼らを裁かず，豊かな感受性をもって共感的理解を示すことが重要であるとされる。

しかしワーカーも人間である以上，ワーカーの価値観に反するクライエントの態度に本当に心底から，自然に「受容」できることであろうか。クライエントへのいらだたしさ，怒り，憎しみさえもが生じて来る時は，ワーカー自身の人間性はどのように抑圧されるのか。[6]

④ 「非審判的態度」の原則について

従来のソーシャル・ケースワークの理論と実践を厳しく批判・検討した米国・カリフォルニア（当時，ワシントン大学）のブライアー(Briar, S.)とミラー(Miller, H.)は，ケースワーク面接が「裁きの場になってはならない」とする。クライエントがワーカーに相談に来る時には，自分自身の落ち度を自覚していることが多い。それを改めて，ワーカーから指摘されると腹が立つ。その非難は，「傷口に塩を塗る」行為と感じられる。しかしそこには，ワーカー側にジレンマが生じる時もあろう。

一方，ワーカーが自らの感情を抑圧せずに，クライエントを激しく怒ったことによって，かえって生の人間の触れ合いが生じて，信頼関係が高まり，良い結果がもたらされたという例は多い。

⑤ 「統御（統制）された情緒関与」の原則について

この「情緒」とは，感情・フィーリングという意味ではなくて，クライエントの出自，性，人種，宗教，職業，貧富などによって，ソーシャルワーカーの

判断を揺るがしてはならないという原則である。ワーカーの好き嫌いの感覚を統制（コントロール）しなさいというのである。偏見・差別は当然，「内なる差別」として事前にコントロールされなければならないが，先述したように，ワーカーの価値観・感情を完全に制することができるかという疑問は残る。

⑥　「クライエントの自己決定」の原則について

「クライエントの自己決定」という原則の名称であったとしても，そうなさしめるワーカーの役割が重要なのである〔アンダーライン，筆者〕。

つまり「自己決定」は，クライエント自身の判断による自らの人生上の重大な課題の決定を行うという人間尊重と，市民社会の自由権の一形態として民主主義的な根本的な価値であるという原理的な側面を持つ。と同時に，ワーカーとの主として面接場面において，クライエントの参加と責任感を高め，対処能力（coping ability）を向上させるためにも必要であるという技術的な側面も持っている。これには「失敗する権利」という考えも含まれている。

自己決定に消極的・否定的な見解としては，種々の制約の多い現実社会においては，結局，それは「幻想」でないのかとか，またはクライエントの生活条件を考えないで「自分で決める」という理念を掲げることは，結局クライエントを混乱・困惑せしめる偽善であるのではないのかというものがある。

先述のブライアーとミラーは，「自己決定」には能力が必要であり，幼児・知的障害者・精神障害者などにはそれが欠けている場合があると批判している。しかし，自己決定は，クライエントが一人だけで結論を出すのではなくて，その自己決定へのプロセスにワーカーが介入するのである（簡単に言えば，一緒に考えるということである）。

してみれば，この「自己決定」の原則は，理念的には正しくも，それを達成する外的条件と，それを可能ならしめる援助が欠けている時には，正に「幻想」にされてしまう恐れ（パールマン）があると言わねばなるまい。「自己決定」のためには，選ぶことができる「選択肢」の存在が必要なのである。

⑦　「秘密保持」の原則について

これはワーカーの専門職としての職業倫理の問題であり，専門職は「秘密保[7]

持」を含んだ倫理綱領を持っていることを，その成立の条件としている。そして，この「秘密保持」は倫理綱領の機能の中でも，特に管理的機能に該当する。[8]

ところで，ソーシャルワーカーは厳密な意味で，本当に「秘密保持」ができているのであろうか。研究や実践の向上という錦の御旗の下に，事例研究・ケース会議・スーパービジョンという形で，担当ワーカー以外の人に簡単にプライバシーが伝わってしまうことが余りにも多い。

ソーシャルワーカーが裁判官・医者のようには「秘密保持が厳密になされない」ことを指摘して，ソーシャルワーカーをまだ「準専門職」（セミ・プロフェッション）とするエツィオーニ（Etzioni, A.）は，書名の副題に明確に「ソーシャルワーカー」を名指しで挙げている。[9]

以上，バイステックのケースワークの7原則を例にとって，ソーシャルワークの原則を検討してきたわけであるが，これまでに述べた通りに，いかに原理・原則とはいえ，あらゆる状況に適用されるものではなく，それらの限界を見つめつつも，その意義を見出し，その現実的な活用を図るという難しい作業が，ソーシャルワーカーに課せられている。そして，それこそが真に「生きた」原理・原則なのであろう。

「共通なニーズ」の共通性──原則の基盤

社会福祉実践はクライエント（生活主体）のニーズに応えていくことが基本的な課題である。[10]とするならば，そこで当然，ニーズとか要求とは何かという問題に当面する。しかも，社会福祉実践は，国民大衆（労働者）のニーズに総体的に応えていくというマクロ的な課題の枠組と共に，個々の福祉サービス利用者（クライエント）の具体的なニーズに対応するというミクロの実践をも含んでいる。従って，ニーズといっても，より多くの人が望んでいる「パーセントの世界」に適応して比率と効率を重視するニーズと，個々の申し出・相談に応ずるという「個別性」を重視するニーズが存在する

「場の理論」で著名なレヴィン（Lewin, K.）は，科学史における前者のような思考様式を「アリストテレス的考え方」と称し，後者の「ガリレオ的考え

方」と対比している。行政の思考法は,「アリストテレス的」であり,常に数と効果を問題とする。他の行政一般に比してはるかに個別的な対応が必要とされる社会福祉行政においてさえ,この思考法はきわめて有力である。しかし,「パーセントの世界」から脱して,「この一人」のために何ができるかという「少数の側に立つ視点」を社会福祉は当初から持っていたはずである。レヴィンの指摘したアリストテレス的思考法からガリレオ的思考法への転換が社会福祉には必要である。

しかし,「個別性」といっても,サービス利用者が銘々ばらばらに全く異なったニーズを持つというのではなく,個別のニーズにも,ある種の共通性があることが認識され体系的に解明されて,「共通なニーズ」(common needs)とか「人間の基本的諸要求」(basic human needs)という位置を与えられた。社会福祉実践は,これらの充足を一つの目標として持つに至っている。

社会福祉における基本的要求に関して,すでに古典となっているトール(Towle, C.)のCommon Human Needs(1952)は,ソーシャルワーカーにとって「とくに重要なのは,人間の共通な欲求と,人間の基本的行動についてのある程度の理解である」として,その「共通性」を年齢による人間の発達段階に区分して論述している。

しかし,その「共通性」は,「年齢」を越えて,再び「文化」の問題とぶつかる。トールの著作の数年後,カーン(Kahn, A.:当時,コロンビア大学)は「現代社会におけるソーシャルワークの機能」という論文の中で「ニード」について一節をさき,「社会計画やコミュニティ・オーガニゼーションでは,その時代の状況に従った運用し易いニードの概念を求め,また一方,ケースワークやグループワーク実践ではそれと異なったオリエンテーションをしている」とトールの著作をも挙げて,ニードの概念をめぐる混乱を指摘した。そして,この混乱の解決は「普遍的(universal),基本的な人間の諸要求というお定まりの検討を避けて,集団の生存についての機能的な必要条件という社会学的・人類学的な概念の検討を始めることによって達成される」と指摘している。

さらにカーンは,「それらは,間違いなく,歴史・地理・テクノロジー,文

化によって変化する」とし，一集団の潜在能力と経験によって条件づけられる身体的・社会的要求という社会化の過程の重要性を指摘している。

しかし，民族・文化を越えて common または basic な needs ということを考えることはむずかしいことである。たとえば，1978年に国連の諸機関が共通課題として「基本的ニード」に関して，その概念を探究して報告書を提出した時，ひとり，文化を探求するユネスコのみは独自の見解を持っていた。それは「果して基本的ニードに対する客観的基準は存在するのか」という反問であった。社会福祉一般理論において，岡村重夫はこの点から，従来の「人間の基本的欲求」とは区別する「社会生活上の基本的要求」という概念を打ち出したのであろう〔傍点筆者〕。

2　人間行動の法則性と行動予測不可能性

人間行動の予測不可能性

ソーシャルワーカーが社会福祉実践方法を用いて，「人」（社会福祉利用者）に働きかけるということは，そのワーカーの行為とクライエントの参加という相互関係において，クライエントの意識・価値観・態度・行動に，ワーカーの価値観（社会福祉の価値観）から見て「望ましい」と思われる変化が生ずることを期待するからである。

その場合に，以前は経験的に，今日ではそれに加えて行動科学などによって実験的に得られた人間の行動予測に関する知識が根底に位置している。たとえば，クライエントはワーカーによって，徹底して「受容」されると，深いなぐさめを感じ，心の安定を得，自らの判断と立ち直る意欲が生ずる，と考えられてきたわけである。つまり，広義において，人間行動における刺激と反応の法則性を認知し，体系化されたものが，社会福祉実践方法の原理・原則として確立されてきたのである。この経験科学としての社会福祉方法論の理論に基づくことで，ソーシャルワーカーの教育・養成・訓練は可能であった。

従って，社会福祉実践方法の原則も，一般化された人間の行動体系の法則で

あって，当然のことながら100％の確率を持ち得ないのが，行動科学および社会科学の鉄則であることを知らなければならない。こうした「ある幅を持った可能性」，つまり「客観的可能性」のレベルで対象を取り扱っているわけである。[16]

人間行動は本質的には「行動予測不可能性」の上に立っているというのが現代の科学哲学の主張である。しかしこのことは，「予測が全くできない」というのではなく，「真なる予測が全くできない[17]」ことである〔アンダーライン，筆者〕。また，予測が無意味であるといっているのでもない。行動の科学といわれる現代心理学がその窮極の目的とするところは，「生活体の行動を科学的に説明し，可能な限り行動を予測すること[18]」としているように，人間の行動予測は，種々の問題解決を目的とする科学にとっては，欠くことのできない重要な関心事なのである。

してみれば，人間行動の予測不可能性と，行動予測の重要性との間に立つ専門職の態度は，「とにかく無理をしてでも予測する」という苦しい立場にある[19]。しかし，これがなければ，ソーシャルワーカーの行動指針やアセスメントは成立しない。しかし，実際にはソーシャルワーカーはあまり「無理」をしなくても，かなりの行動予測が可能であり，ワーカーは日々，「原則」を基盤にクライエントと向かい合うことができている。これは何故であろうか。

人間行動の法則性

本質的に人間行動の予測が不可能であったとしても，人間行動に法則性が全くないというのでもなく，今日までの科学はそれをある程度，理論化してきたのも事実である。

たしかに人間行動においては，原因と結果の関係において，行動科学の実験において一定の条件の下に検証された刺激と反応とは異なる結果が現実には現れ得る。実生活には，多数の要因が存在するが，その行動予測において，大切なことは，要因の数ではなくて，何が主要な要因であるかということの発見である。[20]

行動科学では人間行動をさらに単純化して，B＝f（E×P）という公式で現わし，人間行動（Behavior）は，環境（Environment）とパーソナリティ（Personality）との関数であるとしている。

したがって，人間行動の本質的な予測不可能性は事実であるが，その主要要因を分析・解明することによって，「ある幅を持った可能性」の予測は可能であり，その経験的な蓄積によって，社会福祉実践方法の原理・原則は成立しているのである。

原則間の関係

このことは，ソーシャルワーカーにある自戒を与える。

ワーカーが教育・訓練・研究によって得た人間行動に関する知識や技術によってのみ，人間（クライエント）が動く（変革する）ものでない以上，ワーカーの人格性を抜きにした社会福祉実践方法の原則の機械的な適用では，クライエントに働きかける真の力にならないということ，つまりクライエントは変わらないということである。そこにおいて，人間行動の一応の原則に決定的な生命を与えるものとして，ソーシャルワーカーの人格・価値観・態度が重要視されるのである。これは「魂なき専門家」（Weber, M.『プロテスタンティズムの倫理と資本主義の精神』）への戒めである。

困難・葛藤の中にいるクライエントとの対応において，専門職性の限りを尽くしつつ，なお相手に真の援助を与え得ない，なお，自分が間違っているかもしれないという想いは，ソーシャルワーカーを謙虚にする。社会福祉実践は「人格によって人格に働きかける」実践なのである。

ワーカーとクライエントとの関係が基本的には，それが攻防でなく，人間操作を排除し，「信頼」（ラポール）によって成立しているという歯止めがある。

ところで先に，経験科学が生み出した一つの原則「受容」について述べた。それがクライエントの「立ち直る」という行動予測を可能にするためには，人間としての信頼関係が必要であると述べた。つまり，「受容」と「信頼」の原則とは，相互に相手の基礎になっているわけである。すなわち，一つの原理・

原則が，他の原理・原則の存在において成立していくという，原理・原則間の「相互依存」の関係がある。

そしてさらには，二つの原則の内，より根本的な原則がワーカー・クライエント関係において成立した時には（この場合では，「信頼」が確立された時），他の原則は破られることも有り得るのである（つまり，受け入れる代わりに，叱責してもいいことになる）。

これは俗に，原則は原則であって，常に例外があると言われることを，社会福祉実践方法の原則で確認したのであって，それは，原則とは「ある幅のある可能性」を持った行動予測を基礎においた「ある幅のある」原則ということを認識するということである。

これが先に述べた，ソーシャルワーカーが自らの人格・価値観・態度を問題とせずに，やたらに「原則」と技術のみを振りかざしたり，「原則」のみに依存することへの自戒なのである。未熟なワーカーほど，その傾向があるといえないだろうか。

この意味において，社会福祉実践方法論は，その根本においては単なる「方法」論ではない。

文化の相違と原則

わが国の社会福祉実践の問題の一つは，アメリカを中心として形成されてきたソーシャルワークの原理と方法を，日本においてどこまで応用し得るかという点である。このことは既に，孝橋正一の「アメリカ社会事業の強行移植と直訳的な模倣」[21]とか，一番ケ瀬康子の「あたかも土壌やその他の条件を無視して，植樹を行うような結果になりかねない。そこからは，しょせん，形式的な模倣か，無意味な挫折しか生れない」[22]という批判をされている点である。

ただ，このいわゆる「強行移植」という批判に関しては，それは「アメリカ社会事業技術」に対する政策論の立場からの多分にイデオロギー的な反発であるという指摘に留めることなく，その歴史的な事実を解明する必要がある。つまり，いつ誰によって，どのように，その学習を「強制」されたかという事実

である。

　筆者はかつて，GHQ・PHW（公衆衛生福祉局）の社会福祉担当官6人に訪米して面接し，占領期の社会福祉行政についてたずねたことがある。その時必ず，「日本ではGHQによって，いわゆるアメリカ社会事業技術が強制的に学習させられたという研究者の指摘があるが，あなた自身はどう思うか」ということを質問してみた。彼らの大体の回答は「私は強制した覚えはない。ソーシャルワーカーは人に物事を強制することはない」というものであった。と同時に，むしろ当時の日本人の社会事業従事者の方からそれらの方法・技術を教えて欲しいと，「研修会などを盛んに要請された」という事実もあったようである。

原理・原則への基本的課題

　最後に，社会福祉実践の原理・原則に関しては，次のような解明されるべき課題を指摘しておきたい。

　① それらの「原理・原則」は，どのように証明されているのか，その正しさの根拠は何か。このことは，すでに社会科学（特に政治学，法律学）・人文科学（哲学）においてある程度，歴史的に吟味・検討されてきたことではあるが，改めて，日本人の文化と国民性をも考慮して社会福祉学ではどうなのかの検討を必要とする。

　② それらの諸科学からの原理・原則が社会福祉実践や社会福祉実践方法論の原理・原則として独自の意味を持つか否かの検討を要する。

　③ これらの原理・原則と現実とのギャップを認識した上で，これらを単に努力目標，実践の志向すべき価値として掲げておくのではなく，ギャップをいかに埋めるかという対策を検討する必要がある。社会福祉行政などの中には，明らかにこれに反するものが入っている（たとえば，施設選択権なしの一方的措置など）。

　④ クライエント（権利主体）の側の経済的・身体的・精神的条件によって，これらの原理・原則が貫徹され得ないことはないのか。その場合，その原理・

原則が達成されないことをどう考えるのか。どのように「弁護」(advocacy)
しうるのかの検討を要する。
　⑤　これらの原理・原則を，クライエント（権利主体・当事者）の側から再検
討する必要がある。

注・引用文献

(1) コノプカ，G.／前田ケイ訳『ソーシャル・ワーク・グループワーク―援助の過程』全国社会福祉協議会，1967年，91-96ページ。私的なことではあるが，コノプカ教授は筆者のミネソタ大学院時代の恩師である。
(2) 生活保護の原理・原則とは，①無差別平等，②公的責任（国家責任），③最低生活保障といった基本的な価値と国家の姿勢を示す「三原理」である。「四原則」とは，①申請保護の原則（本人の申請によって開始される），②基準及び程度の原則（毎年4月に厚生労働大臣によってその内容が公表される），③必要即応の原則（要保護者の年齢・性別などを考慮して適切に施行される），④世帯単位の原則（保護は家計と住居を同じくする世帯で行われる，ただし，これによりがたい時には，世帯分離して個人を単位とすることができる）を示す。
(3) Garvin, C. D., Glasser, P. H. "Social Group Work: The Preventive and Rehabilitative Approach", *Encyclopedia of Social Work*, 16, NASW, 1971, pp. 1265-1266.
　　秋山智久「ソーシャル・グループワークの新しい方向――米国における五つのモデルを中心に」『ソーシャルワーク研究』Vol. 1, No. 4, 1975年，9ページ。
(4) わが国のソーシャルワーク研究者から10年以上も前に，バイステックという名前のカタカナ表記はおかしいのではないかという疑問が出されたことがある。筆者は，このロヨラ大学で社会福祉実習を行ったが，大学の教員・学生は「バイステック」と発音していた。
(5) このようなワーカー側の態度に反対して，「ケースではない，人である」という主張をしたのは，ラッグ（Ragg, N.）である。Ragg, N. M. *People not Cases: A Philosophical Approach to Social Work*, Routledge & Kegan Paul, 1977。
(6) たとえば，次のような事例がある。ソーシャルワーカーに面接に来た妊婦のクライエントが「お腹の子は夫の子ではありませんが，どうしたら夫に知られずに出産できるでしょうか」と相談した。ワーカーはどうしても受容・共感的理解を示すことができなかった。
(7) 社会福祉士及び介護福祉士法第46条（秘密保持義務）は「正当な理由がなく，その業務に関して知り得た人の秘密を漏らしてはならない」としている。後段の「社

会福祉士又は介護福祉士でなくなった後においても，同様とする」という条文の意味は，何らかの不祥事を行って，その資格を剥奪された場合のことである〔アンダーライン，筆者〕。

　また，その守秘義務違反に対しては，第50条に「1年以下の懲役又は30万円以下の罰金に処する」としている。
(8)　倫理綱領の機能としては，四つが考えられる。①価値志向的機能，②教育・開発的機能，③管理的機能，④制裁的機能。秋山智久「倫理綱領」仲村優一編『ケースワーク教室』有斐閣，1980年，72-73ページ。
(9)　Etzioni, A. ed., *The Semi-Professions and Their Organization : Teachers, Nurses, Social Workers*, The Free Press, 1969.
(10)　単数のニードではなくて，複数のニーズであるのは，一つのニードが充足されると次のニードが生じてくるからである。衣食住の充足から，人間関係，愛情の充足に移るように。
(11)　レヴィン，K．／相良守次・小川隆訳『パーソナリティの力学説』岩波書店，1957年，1，4，17，29ページ。
(12)　トール，C．／村越芳男訳『公的扶助ケースワークの理論と実際——人間に共通な欲求』全国社会福祉協議会，1966年，7ページ。
(13)　秋山智久『社会福祉実践論——方法原理・専門職・価値観』（改訂版）ミネルヴァ書房，2005年，74ページ。
(14)　UNESCO, The Concept of Basic Needs and of Endogenous Development in Relation to the New International Economic Order, mimeographed, 1978, p. 2.
(15)　岡村重夫『社会福祉学（総論）』柴田書店，1958年，111ページ。
(16)　大塚久雄「社会科学を学ぶことの意義について」『生活の貧しさと心の貧しさ』みすず書房，1978年，223-225ページ。
(17)　スクリヴン，M.「人間行動の予測不可能性」，クワイン，W. V. 他／大出晁・坂本百大監訳『現代の科学哲学』誠信書房，1967年，153ページ。
(18)　大山正也編『心理学小辞典』有斐閣，1978年，83ページ。
(19)　前掲論文(16)，150ページ。
(20)　たとえば，グリュック博士夫妻（Sheldon & Eleanor Glueck）が，1950年に『少年非行の解明』を発刊し，少年非行の予測に関する3種のいわゆる「グリュック予測法」を発見した時も，50以上の要因の中から，少年非行の社会的背景の5因子（少年への父母の各々のしつけと愛情および，家族の結合）が最も重要な要因であるとしたのであった。グリュック，S.・グリュック，E. T.／中央青少年問題協議会訳『少年非行の解明（補訂版）』法務大臣官房司法法制調査部，1951年，280-282ページ。
(21)　孝橋正一『全訂　社会事業の基本問題』ミネルヴァ書房，1962年，336ページ。

(22) 一番ケ瀬康子『アメリカ社会福祉発達史』光生館，1963年，序文1ページ。
(23) 社会福祉研究所編『占領期における社会福祉資料に関する研究報告書』1978年，246, 256ページ。
(24) たとえば，1949（昭和24）年10月，厚生省・日本社会事業専門学校共同主催「現任教育講習会」などの例がある。
(25) この文化と国民性のソーシャルワークとの関連について，研究した秀れた文献が，近年，刊行された。日本人の文化と生活に関連しては；空閑浩人『ソーシャルワークにおける「生活場モデル」の構築——日本人の生活文化に根ざした社会福祉援助』ミネルヴァ書房，2014年。多文化に関連しては，石河久美子『多文化ソーシャルワークの理論と実践——外国人支援者に求められるスキルと役割』明石書店，2012年。
(26) アドボカシーは単に「権利擁護」ではない。クライエントの要求の全てが「権利」ではないからである。アドボカシーは，権利擁護プラス生活擁護の二側面を含む。前掲書(13), 110ページ。

第8章

人間の苦悩と人生の意味

　社会福祉の「福祉」の語義は「幸福」であることは，既に述べた（第6章第2節）。

　しかし，社会福祉が対象とするのは，その反対の「不幸」である。ハッピーで楽しくて愉快な人生であるならば，社会福祉は要らない。生活に困っている「人」，人生に悩んでいる「人」が居るから，社会福祉は存在する意義がある。医学でも，「医者を必要とするのは，健康な人でなく病人である」（ルカによる福音書5：25-32）のである。

　つまり，社会福祉はその不幸の中心を占める「人間の苦悩」とは何かを探り，しかも，避けられないその苦悩が人生にどのような意味があるかを検討することが，根本の課題となる。

1　苦悩とは何か

人間はなぜ苦悩するのか

　この苦悩多き人生に果たして何の意味があるのであろうか。

　この問いは，人間の人生における最大の問題である。そして，社会福祉哲学という人間の不幸を検討する領域においても，根本的な課題である。

　そこには次のような疑問が生じてくる。
・人生には，懸命に努力しても，自分の能力以外の理由で達成されないことがあるのは，なぜなのか。
・生涯かけて為した事が，無に帰するようになることがあるのは，なぜなのか。

第Ⅲ部　社会福祉とは何か

・なぜ，このような形で挫折するのか。
・どうして，このように自分は運が悪いのか，上手くいかないのか，自分だけがどうしてこのような目に遭うのか。
・なぜ，このように損な身体（健康）を与えられたのか。
・求めても，求めても得られないものがあることを，どう納得したらいいのか。
・心から愛していた大切な人を失うことを，どう考えたらいいのか。
・切り拓こうとしても立ち塞がるのは，運命なのか，自分の努力の足りなさなのか。
・こんなに救いを求めても，神が一切，応えてくれないのは何故なのか。
・ならば，どのように考えれば，心の平安が得られるのか。

　『人は見た目が9割』(1)という本がある。そして，そのことは「その人物の利他性をある程度評価できる能力が，人には備わっている。──9割とはいかないまでも(2)」とされる。人間の「見た目」（外見）と「しぐさ」などが，言葉による伝達よりも重要であることを取り扱った本であるが，「外見」よりもまず人目に付くのが，「外形」である。人間の持つ身体的な苦悩は深い。身長・体重が正常でないこと，人並みを大きく外れていることは，多くの場合，普通の生活を送ることを邪魔する(3)。

　外見以外にも，人間の個人的な苦悩には，心理的な悩み・経済的な悩み・人間関係の悩みなど，多数・多様なものが存在する。しかし，その当事者ではない人，つまり，それを横から見ている人はどう感じているのであろうか。所詮，自分の問題ではない「他人ごと」なのか。または，どうしようもないその人自身の運命か宿命か，または人間の意思が介入できるものならば，それは個人の責任か，はたまた社会的な責任が追求されることなのか。

　こうした時に，「可哀相に」と思う人は，「自分のことでなくて良かったという安心感」が先立つのであろうか。そして自らの「内なる差別」に気づかないのであろうか。

　このような場合，優れた条件を持つ者が，そうでない者に働きかける時に無意識に持ってしまう傍観者の態度や，「高みから見下ろす」姿勢に問題がある。

第8章 人間の苦悩と人生の意味

そこには，相手に対して「痛み」を持った振りをする良心めいたポーズ，他者の痛みに自分が眼前で直面しているのに，他の問題（例えば，社会のせいに）にすり替えてしまう狭さがある。

中島義道は「『さわやかな自負心』『厭味のない自信』『まったく高慢を感じさせない優越感』こそ，最も危険である(4)」という。これが社会福祉実践者の態度に関連する。

他者に働きかけていくヒューマン・サービスや援助専門職の職業の中に，「なぜ他者のために働くのか」を単純に自分の職業としてのみ把えて，決して，自分の内なる「差別感」に気づかない場合もある。つまり，人に働きかけること，役立つ仕事をしていると思っていることの深層心理の中に，密やかなる優越感または自らの劣等感を隠す方策があって，働きかけているのかも知れない。これを「救世主（メサイア）コンプレックス」という。

ダンテは『神曲』の中で「地獄に至る道は善意によって敷き詰められている」と語った。

法然に多大な影響を与えた中国唐代における浄土教の祖・善導大師は，こうした人間の善意に秘められた毒を「雑毒の善(5)」と喝破した。

人間苦

「不幸な人間は一生不幸にうまれついているに違いない(6)」と昭和初期の流行作家・吉田絃二郎は小説『人間苦』の中で述べた。作家の直感とはいえ，どきりとする表現と内容を持っている。人生の不条理は，不幸な人が誠実に生きようと努力しても，いつも不幸であり，逆に不誠実な人が楽々と幸福に生きることができることもあることを示している。

しかも人間の幸福と不幸を探る社会福祉において，恐ろしい不幸とは(7)，前述の心身に関する苦悩にも増して，社会的な原因による苦悩である。そこには人間の残酷さ，非人間性による残虐さが現れているからである。しかもそれを普通の理性的な人間が，社会の態勢の中で迎合的に犯してしまうことがあるからである(8)。ある種の自己保存である。

こうした明白な差別以外において，前述したように，人間は多くの場面で自らの「内なる差別」に気づかない。

仏教における人間の苦悩

釈尊は，人間の四苦八苦を説いた。「四苦」とは，釈迦が王子として生まれ育った迦毘羅城の四つの門から出た時（「四門出遊」）に見た，人間の「生老病死」である。生もまた苦しみなのである。シェイクスピア（Shakespeare, W.）は「人間は泣きながら産まれてくる」と描いた。

人生の全ては「苦」なのである。「一切皆苦」である。

「四法印」と呼ばれる仏教の思想を特徴づける四つの基本的主張は，諸行無常，諸法無我，涅槃寂静の三法印に，「一切皆苦」の一句を加えたものである。「一切諸行皆悉是苦」と言われるものである。

さて，残りの「八苦」の五番目は「愛別離苦」——愛するものと別れる苦しみである。人生の出逢いは，結局「会者定離」なのである。六番目は「怨憎会苦」——怨み，憎む者と近くで会わなければならない苦しみである。七番目は「求不得苦」である。人生には，求めても，求めても，どんなに願っても得られないことがあるという厳粛な事実に向き合う苦しみである。八番目は「五蘊盛苦」である。人間の五つの感覚が活発に活動して，次々に欲がおこり，欲求がいつも満たされないことによって，逆に得てしまう苦しみである。たとえば，優秀な人が社会に受け入れられない苦悩なども出てくる。正に「千里の馬は常に有れども，伯楽は常には有らず」の姿である。

キリスト教における人間の苦悩

人間の苦悩を恐ろしいまでに根底から表現したのはキリスト教旧約聖書の「コヘレトの言葉」（以前は「伝道の書」といった）である。

「既に死んだ人を幸いと言おう。更に生きていかなければならない人よりは幸いだ。いやその両者より幸福なのは，生まれて来なかった者だ。太陽のもとに起こる悪いわざを見ていないのだから」（コヘレトの言葉：4章2

第8章　人間の苦悩と人生の意味

～3節）。

　産まれなかったことが一番良いのだという。

　また，旧約聖書「ヨブ記」に記述されたヨブの苦悩には，すさまじいものがある。

　サタンをうち破ろうとする神の試みによって，誠実に生きてきたヨブに四つの災難が与えられ，努力をして得てきた多くの財産もわが子も自分の健康もすべて失ってしまう。つまり，七人の息子と三人の娘，そして財産である何千頭もの羊や牛を一日して奪われ，ひどい皮膚病に冒されるのである。

　このような理不尽な災難に，妻は神を恨もうとする。しかし，ヨブは言う。

　　「お前まで愚かなことを言うのか。わたしたちは，神から幸福をいただいたのだから，不幸もいただこうではないか」。

　　このようになっても，彼は唇をもって罪を犯すことをしなかった（ヨブ記：2章10節）。

　　「主は与え，主は奪う」のである。ヨブはそれに耐えた。

しかし，通常の人間は，疑問に思う。なぜ誠実に生きてきた自分に，自分だけに，このような不幸が押し寄せるのか，と。

　なぜ，こんなことが起こったのか，自分が何の悪いことをしたとでもいうのか。そして，その不合理に対して思うのである。「神は何をしているのか」「神はいるのか」と。この悲痛な叫びに対して，神は一切答えない。これはカトリック作家，遠藤周作の名作『沈黙』のテーマである。

　この神の「永遠の沈黙」（ヴィニー，A.）について，ヴェイユ（Weil, S.）（後述）は考える。

　　　不幸な人間の発する《なぜ》という叫びには返答が与えられない。この《返答がない》状態すなわち沈黙は，――実は《神の言葉》である。一つの表現であり，返答である[(12)]。

「助けを求めて叫ぶ声を聞いてください」（詩篇5：3）といくら叫んでも，応えがない時に，「呻きも言葉も聞いてくださらないのか」と訴える（詩篇22：2）。そしてわが敵は次のように「絶え間なく嘲って言う」。「汝の神はいずく

139

第Ⅲ部　社会福祉とは何か

にありや」と（詩篇42：11）。

そして，この永遠の沈黙に関して，聖書は次のように答えるのである。

「試練と共に，その脱出の道も備えられている」（新約聖書：コリント人への第一の手紙10：13）。

このことに関しては，後に再度，検討する。

2　人間の幸福と不幸

幸福とは何か

先述した世界の五大幸福論の中で，極めて単純で分かりやすいのは，ショウペンハウアー（Schopenhauer, A.）の次の一言である，「幸福とは好きなように生きられること」。しかし，人間，いかに恵まれていても，そのようには生きられない。あらゆるものを持っていた，つまり，権力・富・愛・才能に満たされたロシア・ロマノフ王朝11代女帝，エカテリーナⅡ世（Yekaterina Ⅱ）の言葉が，それを物語っている。

「この世に完全な幸福はない」。

先に，2000年前の福祉の語源に「喜びに与ること」が有ると記したが，20世紀においても，マザー・テレサ（Mather Teresa）は福祉と関連して，次のような喜びの必要性を語っている。

あなたは，「喜びを運ぶ器」となりなさい。

不幸の研究

福祉は幸福を意味すると書いたが，しかし，社会福祉の中心的な課題は，むしろ不幸にある。

前述した，エピクロス派の「幸福」の概念をひっくり返したものを「不幸」とするならば，「不幸」とは，心身のどこかに「痛み」のあること（心理的な痛みを含む），心が平安でないこと（不安や恐怖，ねたみや嫉妬があること），人生に喜びがないこと，となる。

第8章　人間の苦悩と人生の意味

ところが，こうした「不幸」に関する研究と書物が意外に少ないのである。その少ない例の幾つかを挙げてみる。

① フランスの思想家ヴェイユの「不幸」に関する記述は『シモーヌ・ヴェイユの不幸論』（大木健，勁草書房，1969年）に紹介してある。

ヴェイユは最初，マルクス（Marx, K. H.）に親近感を持つが，やがて，マルクス主義では「社会的抑圧の廃止」または消滅はできないとして，やがて反発していく。

ヴェイユは体系的に「不幸」を思索したのでない。次のような体験から出たものである。

「1930年代の労働問題・政治問題に自ら進んで参加し，その主体的な経験によって問題の回答を探求した実践的な思想家である」[13]。

「彼女はその生涯を通じてつねに，他者の苦痛を見聞するや否や直ちにその痛みを分かつ人間となった。そういう〈不幸〉の経験の頂点に1934年から1935年にかけての工場生活が位置することには，おそらく誰も異存があるまい」[14]。

この工場体験から，彼女は一つの結論を出す。

「何らかの形で社会的な堕落かその心配かがなければ，本当の不幸はない」（『神を待ちのぞむ』）[15]。

社会福祉の視点からは，この結論は，「社会苦」の問題として極めて重要である。

それでは，ヴェイユの言う不幸とは何か，それは人間生活の謎である。ヴェイユはいう。

「人間生活の大きな謎，それは苦しみではない。不幸である」[16]。

なぜ人生に不幸があるのか，これが謎なのである。そして，他の人の不幸に対する彼女の神の摂理にさえ背くという，矛盾した苦しい態度が示される。つまり，他人の不幸を以下のように言う。

「心から諦めて認め得たことは一度もありません。これはまさしく，神の意志に服従するという義務に対する重大な違反です」[17]。

神に逆らってまでも、他人の不幸を諦めて認めることはできないと、ヴェイユは熱く言う。

こうした不幸に直面した人間の叫びの一つに、「なぜ人は私に悪をなすのか？」[18]という問いがある。マザー・テレサの「愛の反対は憎しみではなくて、無関心である」という言葉は有名であるが、そうした無関心について、ヴェイユは言う。

「不幸は無関心である。不幸にとらわれた人間をことごとく魂の底まで凍らせてしまうのはこの無関心の冷たさ、金属のような冷たさである」[19]。

わが国では中島義道が『不幸論』[20]を書いている。その中で著者は小市民的な幸福を嗤い（たとえば、標的は寅さん）、繰り返し、人間は「どうせ、すぐ死ぬのだから」と述べ、それ故に『人生に生きる価値はない』[21]（新潮社、2009年）と断言する。

こうした考え方は、人生に一体、何をもたらすのであろうか。後で検討してみたい。

社会苦

先に、人間の苦悩の中で、心身に関する個人的な苦悩について述べたが、それを本人が「仕方がないこと」として「諦める」[22]「受け入れる」こともあり得る。障害者福祉でいう「障害受容」である。

しかし、諦めきれないのが、その苦悩の原因が社会にある場合である。良い社会でありさえすれば、こうしたことにはならないのにという思いがどうしても残る。そして、そのような社会のあり様の中で、繰り返し苦い思いをさせられてきた者は、ある種のニヒリズムに陥る。つまり、生きる意味への懐疑を持つのである。果たして努力は通じるのか、正義は勝つのか、と。そしてさらに深く、人生への懐疑、人間存在への疑問に至る時、フランクル（Frankl, V. E.）のいう「実存的欲求不満」「実存的虚無感」つまり「生きる意味への懐疑」[23]という深みにはまってしまうのである。

こうした虚無感から始まった現代社会の現象には、自殺・薬物依存・アルコ

ール依存・犯罪・差別・人間軽視の風潮がある。

　そこには，個人が落ち込んだ，その人なりの言い訳や理由が存在する。それらの現象は，世間の無知・独断・差別が生んだ面白くない現実であり，そこから生じる無気力，低迷する精神，底知れない無意味感に現代人が落ち込んでしまったのである。それらは社会による「構造的暴力」が原因である。

　かつてマザー・テレサは「世界に二つの貧しい国がある」と言った。一つはアフリカ，もう一つは日本である。アフリカは物質に飢え，日本は「精神」に飢えている，と。日本人は精神の飢餓の中にいるのである。

3　人生は無意味なのか

　人生は空しいという。「無常」であると表現する人もいる。『平家物語』の冒頭の一句，「諸行無常の響きあり」は日本人の心に染みついてきた。この無常とは何であるか。

　小林秀雄は，名高い随筆「無常という事」の中で，それは「空しい」などという感情ではなくて，人間になりきっていない動物的な状態であるとして，次のように言う。

　「この世は無常とは決して仏説という様なものではあるまい。それは幾時(いつ)如何なる時代でも，人間の置かれたる一種の動物的状態である[24]」。

　では仏教ではどのように解釈するのであろうか。

　現代の優れた宗教学者・山折哲雄は，この日本人の精神の底流にある「無常」という感覚には，三つの無常感があるという[25]。それらは次の三つの「原則」からなる。

　(1)世の中に永遠なるものはない（全ては変わる）。

　(2)形あるものは必ず滅する。

　(3)人はやがて死ぬ。

　筆者はこれに第四を付け加えたいと思う，それは，人類は滅びる，ということである。これらを少し考察してみよう。

第Ⅲ部　社会福祉とは何か

世の中に永遠なるものはない（全ては変わる）

この世の中に「不変なものはない」ということである。

ヘッセ（Hesse, H.）が『ゴータマ・シッタルダ』に描いた若き日の釈迦の一つの姿は魅力的である。それは，何十日も川岸に座ってガンジス河を見続ける釈迦の姿である。来る日も来る日も見続けて，釈迦はこのことを悟る。目の前の水の流れは，既に少し前の水とは異なるという厳粛な事実——。

かつて鴨長明が『方丈記』に描いたことと同じである。

「ゆく川の流れは絶えずして，しかももとの水にあらず。よどみに浮かぶうたかたは，かつ消えかつ結びて久しくとゞまりたるためしなし。世の中にある人とすみかと，またかくのごとし」。

しかも，その流れは，年月の流れは，年を取るに従って速くなっていく。これが「無常迅速」である。浄土真宗の中興の祖・蓮如は『白骨の御文章』の中で，諸行無常と無常迅速とを一気に表現する。

「されば，朝には紅顔ありて，夕には白骨となれる身なり」。

この「無常迅速」は，現代科学でも証明されている。「ジャネーの法則」である。19世紀，フランスの哲学者ポール・ジャネ（Janet, P. A. R.）がひらめいた考えを，甥の心理学者ピェール・ジャネ（Janet, P.）（心理学者）が証明する。「時間の流れの速度は，年齢と反比例する」というのである。

これは，前出の形あるものは必ず滅する，の人間版である。個人の死である。死亡率100％の人間の姿である。この死を巡って，人間は実に多くの思考を重ねてきた。曰く，「死があるからこそ，生に意味がある」「死がないことは，永遠の苦しみである」「生ある時には死はなく，死ぬ時には生は無い。かくして生と死は出会うことはない」とか，「いまだ生を知らずんば，いずくんぞ死を知らんや」（孔子『論語』）などである。

しかも個人が死ぬ時には，一切をさらけ出して死ななければならない。良寛は詠う。

「うらを見せ　おもてを見せて　散るもみじ」

第8章　人間の苦悩と人生の意味

人類は滅びる

個人を超えた人類自体の滅亡である。

宇宙が誕生して137億年，地球が誕生して46億年，生命が誕生して36億年，人類の誕生には700万年前から440万年前までの諸説がある。アフリカの一地域に誕生した数人の女性が人類の祖先「ミトコンドリア・イブ」と言われる。この子孫が世界中に拡がったとされる。

しかし，この生命の誕生以来，地球上に出現した生物1000万種の，実に70〜90％がすでに絶滅してきたのだという(26)。ならば，人類はどうか。

NHKは「女と男」を放映し，次のようなことを報道した(27)(2009年)。

> 23対の染色体の23番目の最後の性染色体にあるY染色体が人類の歴史と共に縮小している。そして，540万年後にはY染色体は消滅する。
>
> そして，その絶滅の危機に際し，胎生を選択した人類は，他の一部の生物のように，無精生殖もできなければ，メスがオスに性転換することもできない。

レヴィ＝ストロース（Lévi-Strauss, C.）の次の有名な言葉を想起する。

> 「世界は人間なしに始まったし，人間なしに終わるだろう」（『悲しき熱帯』）。

先に述べたように，中島義道は，人間はすぐ死ぬのだから，結局，『人生に生きる価値はない』と言った。たしかに，個人は死に，人類は滅びるであろう。だが，例えそうであるとしても，死には一足飛びには届かないと反論する論理を与えてくれるのが，ロシアの作家・チェーホフ（Chekhov, A. P.）の『灯火』（1888年）である。文中で老技師が学生に次のように言う。人間は直ぐ死ぬから，生きる意味はないのだという，そうした厭世主義に対しては，特に若い青年たちはそのように考えるべきではない。

> 「もしわれわれが，下の方の階段の助けを借りず，一足飛びに最上段に躍りあがるやうな方法を見いださうものなら，その長い全階段は，つまりさまざまな色彩や，音響や，思想を持った全人生は，われわれにとって一切の意味を失ってしまふことになります」(28)。

145

つまり、たとえ短くても死ぬまでの間、人生の道程にあって、一年でも、一日でも、毎日することがあるであろう。その一歩、一歩に人間の人生の意味と輝きがあるというのである。

フランクルは次のような知人の言葉を紹介している[29]。

「人生に耐える唯一の方法は、なんらかの課題をいつもかかえておくことだ」。

ここでは、人生の「意味」が問われている。しかし、それをも含めた人生の「選択」における基準には、いろいろなものが存在する。

今日、小市民的で個人的幸福追求主義の時代にあって、多くのことは自分（と、せいぜいその家族）に利益があるか、否かが、判断の基準になっているようである。先に述べた「世のため、人のため」というある種の「使命感」は[30]、奇特なこと、ご苦労なこと、さらには愚かなこととして、薄れていってしまっているのであろうか。同じ汗を流すなら、稼げるアルバイトの方が、ただのボランティアよりもずっといい、という感覚である。

してみれば、人生の、人間存在の意味を問うことは、自分の利益を求めることより少しは精神的なのかも知れない。しかし、その意味の問い方と方向が問題となるのである。

意味への意志[31]

先述したフランクルは、ダッハウ収容所での体験と、そこからの奇跡的な生還を基に、人生の意味を深く考察し、「ニヒリズムの対抗者」、「意味の思想家」[32]と言われるようになる。彼は言う。

「人間は、どれほどみじめな条件や状況にあっても、なんらかの意味を見いだすことができる」[33]。

これから後の筆者の記述においては、このフランクルの著述と思想を中心にして考察を進めることとする。

フランクルは著書『宿命を超えて、自己を超えて』（春秋社、1997年）において、「意味意志」の重要性を解明する道筋を次のように展開する。

第8章　人間の苦悩と人生の意味

① 自己超越

　人間がいかなる極限状況にあろうとも，そこでは自分を制約・拘束する内外の条件から「自己超越」することができる。つまり，内なる遺伝と外なる環境（強制収容所など）からの超越である。そうした極限状況において決定的な力を持つのが意志である。つまり「人間には態度を決める自由がある」(34)がゆえに，そういう時にこそ「その人自身が如何なる人間であるか」が問われるのである。しかし，その人が求める「意味は人によって異なる」のであるが，「どんな人間になるかはその人の問題」(35)である。

　フランクルは，悲惨な状況において，それに立ち向かうには「精神の抵抗力」を強くしなければならないという。実際，フランクルは絶望的な強制収容所において，囚人仲間と次のような約束をして精神の正常さを維持した（このことによって身体の免疫が強くなり，生き延びた）。

　曰く，「一日一回，心から笑うこと・一日一回，感動すること」。

　フランクルは強制収容所で一日の過酷な労働の後に，仲間と友に見た夕陽の感動を次のように描いている。

　　「世界ってどうしてこう綺麗なんだろう」(36)。

　このような状況においては，人が自らの人生の意味を考えるのではなくて，置かれた状況で取ろうとする態度において，「人生の側が人に意味を問う」のである。

　フランクルは言う。

　　「変えようのない事実に直面するときでも，それどころか，変えようのない事実に直面するときこそ，その状況を耐えることによって，自分が人間であると示すことができ，人間にどんなことができるかを証明することができる」(37)。

② 意味への航路

　「意味探究者としての人間」(38)は，そうした人生の航路をとり続ける。そして，人間は人生の最後の時まで，「人生から意味を問われる」とフランクルは言う。

　ここでは筆者は次のような例を想定してみた。

第Ⅲ部　社会福祉とは何か

　　自殺者が年間3万人を超えることが12年続いてきたわが国で，今日も一人のサラリーマンがいつプラットホームから飛び込もうかと，ふらふら歩いている時，眼前のお年寄りがホームから落ちた。彼は，自らがすぐ直後に死ぬ身であったことも忘れて，線路に飛び下りて老人を担ぎ上げた。そこから，彼は再び生き直したのである——。

　しかし，現実の世界で情緒的に生きる人間は，次のようにも「ふらつく」のである。

　　死のうと思っていた。今年の正月，よそから着物一反もらった。お年玉としてである。着物の布地は麻であった。鼠色の細かい縞目が織り込まれていた。これは夏に着る着物であろう。夏まで生きていようと思った(39)(太宰治)。

　「ここ・今・この人にとって」の人生の「一回性と唯一性(40)」の価値は重い。人生を否定しようと，喜ぼうと，このことは変わらない。

　もし，前向きに肯定的に，意味ある人生を過ごそうとするなら，その一つの方法は，フランクルが言ったように「なんらかの課題」を持って，毎日毎日の個々の具体的課題を果たすこと，である。チェーホフが言ったように，「一足飛びに，最後の日は来ない」のである。

　③　PIL（人生の目的— purpose in life）

　その「意味ある人生」では，日々，小さな事柄に潜む意味の「発見と実現」が繰り返される。これが「意味発見段階」である。人生の目的を，壮大な構想や未来における達成の中に置く人もいるではあろうが，多くの普通の人にとって，それは日常生活の中において自分のすべきことをこなすことであり，そこにおいて人生に含まれた「個々の具体的意味」を発見するのである。

三つの価値

　こうした「意味への航路」において，人間はいろいろな局面で，特に極限状況において，三つの価値(41)を求め，守り，それに支えられて生きていくと，フランクルはいう。

第8章 人間の苦悩と人生の意味

筆者が解釈した，それらの三つの価値とは，次のようなものである。

① 創造価値

これにおける中心的なキーワードは「創造」である。人間の創作的な行動や生活において求められる価値である。人間の諸々の作品や行動に込められた，または込めようとする思いと熱意が人間の辛い人生に深い慰めを与える。

シュヴァイツァー（Schweitzer, A.）はこう言っていたという。

「これまでに出会った中でほんとうに幸福な人たちは，なんらかの仕事に没頭している人たちだった(42)」。

② 体験価値

これにおける中心的なキーワードは「体験」である。その中でも「愛する体験」である。「愛」とは何かは，人生の，人間の，例えようもない大きな課題である(43)。

フロム（Fromm, E. S.）は「愛とは意志である」（『愛するということ』）と言った。米国で大ベストセラーを書いた精神科医ペック（Peck, M. S.）は「愛とは，自分自身あるいは他者の精神的成長を培うために，自己を拡げようとする意志である」と述べた（『愛と心理療法』）。筆者は，このペックに加えて，「愛とは意志の基づく行為である」とした(44)。

そしてフランクルは「愛とは，ある人自身が他のある人自身に対してとる全人的態度」であり(45)，「人間はことばによって答えるのではなく，行為によって，責任ある行為によって答え(46)」るのだと言う。

聖書は告げる，「言葉や口先だけで愛するのではなく，行いと真実とをもって愛し合おうではないか」（ヨハネの第一の手紙3：18）。「愛」は考えるものでなく実践するものである(47)。

③ 態度価値

これにおける中心的なキーワードは「態度」である。フランクルは自らの極限状況における体験から，人間は如何なる状況に置かれようと，自らの意志でどのような態度を取ろうとするのかという価値観を持っているという。いかなる状況・環境・運命も，人間からこの態度価値を奪うことはできないのである。

4 苦悩に意味はあるのか

苦悩の段階

述べて来たように,人生が不条理に満ち,苦悩の中にあるのなら,この「苦悩」の意味は何であろうか。これを次のような段階で考察してみる。

① 苦悩による,意味ある人生

フランクルは詩人リルケ(Rilke, R. M.)の影響を受けて,「苦悩することで,意味のある人生をおくることができる」という。

確かに,その苦悩が人間を滅ぼしてしまうようなものでない限り,「意味」は存在する。ヘミングウェイ(Hemingway, E. M.)の『老人と海』において,老人がカジキマグロと凄絶な戦いをした長い一日を描いたこの小説の最後の1行は次のように結んである。「老人はライオンの夢を見た」。

無為な人生よりも,苦悩と戦う人生の方が,人間を奮い立たせるのである。

そして,戦いによって傷ついたとしても「傷ついたのは,生きたからである(高見順)」と言えるのであろう。苦悩を「味わう」のである。

② 「決して戦いを放棄しない」[48](フランクル)

人生の最後に何が起こるかが解らないなら,最後の大逆転もあり得る。種々の出来事はそれを物語っている。ならば,意志への航路において,人生の戦い(人生そのもの)を放棄することはない。

前の「老人」は言う。「人は滅ぼされることはあっても(destroyed),負ける(defeated)ことはない。」「人間の生命はその意味を『極限』まで保持しているのである」[49]。

③ 試練からの脱出

しかし,その航路にあっては,なんと多くの,重たい苦悩が横たわっていることか。

誠実で善良な人(こそ)が,どうしてそのような苦難に遭わなければならないのか。先述したように「神の沈黙」の意図が分からない。しかし,聖書は次

第 8 章　人間の苦悩と人生の意味

のように応える。

　「あなたがたのあった試練はみな人の知らないようなものではありません。神は真実な方ですから，あなたがたを耐えることのできないような試練に会わせるようなことはなさいません。むしろ，耐えることのできるように，試練とともに，脱出の道も備えてくださいます」（新約聖書　コリント人への手紙第一10：13）。

　俗に，明けない夜はない，暗闇の先には必ず光がある，ということなのであろうか。苦の中にある今は，夜明け前の時であり，一時的に完全な暗闇の中にいるのにすぎないのである (It is always darkest before the dawn.)。

　しかし，意志の弱い者は，信ずる心の弱い者は，夜明けまで待つことができない。

　こうした光が見えない時においても，次のように歌う人たちがいた！

　「それでも人生にイエスと言おう」（ブーヘンヴァルト強制収容所の囚人たち）[50]。

「意味への航路」を辿る人間が出会う関門

① 自分にも起こる現実

　自己中心性が決して抜けない我々は，常に自分に都合の良い考え方をしてしまう。すなわち，あの（恐ろしい）出来事は，たまたま不幸なあの人に起こったことであって，まさか自分に起こる筈はない，と。

　先述したように，古代ローマの哲学者・セネカは名著『人生の短さについて』において，きっぱりと宣言する[51]。再掲する。

　「誰にも起こりうるのだ，――誰かに起こりうる出来事は」

　「或る人に起こることは君にも一つ一つ起こりうることを知るべきである」

　かつて，筆者のゼミ生であったある学生が次のように言ったことがある。

　　障害者の出現率が3％であるとして，これを神様が「三つの石ころ」を投げ，それに当たった者が障害児として産まれる，または障害児を産むとしたら，自分が産まれた時に，ヒュッと耳元を石がかすめた気がする。そ

の時は勘弁して貰えたが，この次，自分は障害児を産むに違いない。

癩病の国立療養所の精神科医を勤めた思想家・神谷美恵子は赴任した長島愛生園で，なぜ自分は歩けて，島から出ることができるのか，あの人たち（患者）はできないのかを省察して，次のように詩の中で詠った。

「らいの人に──

なぜ私たちでなくあなたが？　あなたは代わってくださったのだ」

そして究極的には，「このおかたが，わたしに代わって死んだゆえにです」（讃美歌第2編195番）という告白となるのである。

「他人ごとではない」ことに気づいて，心を痛めて実践に入った社会福祉の実践者は多い。たとえば，わが国最初の重症心身障害児施設「島田療育園」を作った小林提樹は「止むに止まれる思い」を抱いたのである。

②　孤独（孤立）

人間は孤独には耐えられるが，孤立には耐えられない，ということが言われる。これは関係性の中に生きる人間の姿である。

確かに，このような苦難の道を一人で耐えて生き抜くのは，あまりに過酷である。そこには，耐え難い孤独が横たわっている。多くの詩人・思想家たちがそれを口にした。

「咳をしてもひとり」と尾崎放哉は詠う。「底冷えのような寂しさ」と，哲学者・和辻哲郎は言う。「骨の凍るような寂しさ」と，社会福祉の思想家・阿部志郎は，老人の声を伝える。ヴェイユはいう「魂の底まで凍らせる──無関心の冷たさ」。

その孤独の世界に旅立つ時，釈迦も，西行も子を捨てた。

しかし，弱い一般人の我々にはそういうことはできない。では，その人生の途上に何が必要なのか。

③　立ち直る過程

人生につまずき，また絶望した時には，フランクルは「主観的ではない客観的な支援」が必要であるという。ここでいう客観的とは次のような意味合いを持っている。

麻薬などは「全く個人の麻痺した主観における意味であって，私の言う本当の客観的な意味，つまり生きがいではない[56]」（フランクル）。

客観的な支援には，もちろん基本的には社会福祉制度と財政による支援が必要になる。しかし社会福祉の歴史はそれだけでは立ち直れない人たちの事実を多く見てきた。そこに生じたのが，いわばソーシャルワークである。その根源には「人の痛みは，人によってしか癒されない」という人間の心理と真理がある。

1989年，ノーベル平和賞を受賞したダライ・ラマ14世は，2010年6月で14回目の来日を行っているが，かつて京都で講演を行った時の様子が伝えられている[57]。

　　一人の女子学生が質問した。「自分は今，死の不安に脅えています，どうしたらいいのでしょうか」。ダライラマは舞台に手招きして，彼女を両腕で固く抱きしめていった。「恐れることはない（Don't worry）」。

　　女子学生は両眼から涙を流し，深く頭を垂れて舞台を去っていった。

ここにはソーシャルワークでいう「受容」とか「共感的理解」とかを超えた，人間の深い哀しみを見てしまった「解りあった者同士の慰め」のようなものを感じるのである。

④　他者への「負い目」

しかし，そうした自らの慰めに至る前に，反省をしておかなければならないことが，我々人間の前に横たわっている。自分が慰められればいいというものでもない。

これは，なぜ自分が健常者でいられるのか，なぜ自分は生活に困っていないのか，なぜ今，一応，幸せでいられるのか，という問いである。誰によって，どのような理由で，そのようなことが許されているのであろうか。そうした自分の，今の，「幸せ」に気づく時，どこかに「申し訳ない気持ち」を持つ，これが「負い目」である。世間的に「悪い」ことをしたのではないけれど，何かそう思わざるを得ない「痛み」でもある。

このことは柳田邦男が『犠牲――サクリファイス』（文藝春秋，1995年）で述べたことにつながる。それは次のように要約できるであろう。「今」，自分が，

「ここで」，このように平穏に生きていることができるのは，世界の「どこかで」「誰かが」犠牲になってくれているからである。これは先に述べた「三つの石ころ」の想いと同じである。

この犠牲を他の生命にまで拡大してみると，倉田百三によって，次のような痛烈な言葉が展開される。

> この肉体，この血の一滴も，他の「生命」の犠牲でないものはない。この戦慄すべき根本事実を人はどうしてもっと深く思わないのであろうか。(58)

⑤　「雑毒の善」

だからと言って，「人」に善意でもって接すればいいというものでもない，ということは先に述べた。その「善意」に含まれている「毒」が問題となるのである。善意に秘められている身勝手な棘，自己満足によるおしつけ，密やかな優越感，が問われるのである。善導大師から親鸞に伝わった「雑毒の善」，つまり「他者加害」（親鸞『浄土文類聚鈔』）の恐ろしさである。

ソーシャルワークにおいても，ワーカーに都合の良い働きかけ，上からのパターナリズム，劣等感の裏返しの優越感などに，この「雑毒の善」が現れる。

5　超意味（究極の意味）

「世界は超意味を持つ（世界は意味を超えている）」とフランクルはいう。このようになぜ，フランクルは最後に「宗教」に到達したのか。それは意味の思想家・フランクルが「意味は神に由来する」(59)と考えたからである。しかし，その前に次のようないくつかの検討すべき課題が存在する。

無神論

このようなフランクルの結論に現代人は納得するのであろうか。つまり，そこには超越者（神）などをおよそ「信じられない」という無神論が強く存在するからである。

現代は神の不在の時代である。「中世のヨーロッパは神を殺した」こと以来，

豊かさは人間を生活苦や将来の不安からかなり解き放した。科学的な考え方というものが，目に見えない，実証不可能なものなど，どうしても信じられないものに対する疑心を育ててきた。

現代の無神論を三つのタイプに分類したのは，ドイツのマールブルグ大学神学部教授のバールト（Barth, H-M.）である。それらは要約すると次の通りである[60]。

①哲学的無神論：フォイエルバッハ（Feuerbach, L. A.）の『キリスト教の本質』に代表される。フォイエルバッハはいう，「人間の神化」であり，「愛は神であり，神学は人間学である」[61]。「神的本性のあらゆる属性は人間本性の属性にすぎない」[62]。大島康正のいう，ヘレニズムにおける「人が神を造った」という「人神(じんしん)」である。

②実践的無神論：現代の，特に青年の間に行き渡っている考えである。神なんかあるものか，という「科学的？」な態度である。

③反宗教的無神論：ニーチェ（Nietzsche, F. W.）の「神は死んだ」（『ツァラトゥストゥラはかく語りき』）に代表される。

先述したように，おそらくは現代の「豊かさ」が現在の種々の不安を一時的にせよ，うち消しているのであろう。しかし，宇宙や人間の存在がどのように（how？）生じたかを科学は説明できるとしても，なぜ（why？）存在するのかには答えられない[63]。

フランクルはアインシュタイン（Einstein, A.）を見れば解るとして，「科学はいかなる目標も意味も与えることができない[64]」と言うのである。

なぜ宗教が必要なのであろうか。死の不安，死後の世界の存在などの理由が考えられるであろうが，今，生きる身としては，「どうしようもない自分の醜さ，エゴ，罪・悪を，絶対者の目から明らかにされなければならない」という理由があるのではないだろうか。

「不合理なるが故に，我信ず」と言ったのは，テルトゥリアヌスである。踏み出してみなければ，解らない世界があることを探ろうとしても，それを科学的理性が妨げるのが，現代人の姿である[65]。

宗教での姿勢とは,「飛び越える」ことなのであろう。

果たして人は「人」を援助できるのか

親鸞の「善人なおもて往生をとぐ,いわんや悪人をや」という「悪人正機」説は,あまりにも有名で,多くの論議を呼んできた。たとえば,玄奘三蔵の持ち帰った仏典の漢訳を手伝った弟子・窺規はこれに反する考えとして「五姓各別」(救われるのは能力によって差がある)という。

しかし,この際,考えねばならないのは「悪人とは誰のことか」ということである。そして「悪人」とは私たちのこと,自分自身であることを,明確に自覚しなければならない。

そこには,どうしようもない「人間の罪深さ」がある。

キリスト教はいう。

「正しい者はいない。一人もいない。——彼らののどは開いた墓のようであり,彼らは舌で人を欺き,その唇には蝮の毒がある。口は,呪いと苦みで満ち,足は血を流すのに速く,その道には破壊と悲惨がある。彼らは平和の道を知らない。彼らの目には神への畏れがない」(ローマ人への手紙3：10-18)。

仏教はいう。

「『罪根深』というのは,——おおよそ善根すくなきもの,罪業おおきもの,善心あさきもの,悪心ふかきもの,かようのあさましき,さまざまのつみふかきひとを,『深』という」(『真宗聖典』)。

「罪根深重」なのである。

親鸞はいう。

「悪性さらにやめがたし。こころは蛇蝎のごとくなり。修善も雑毒なるゆえに虚仮の行とぞなづけたる」(『正像末和讃』)。

そして,救われなければならないのは,他の誰でもない,この罪深き自分なのである。

すると,一つの疑問が生じてくる。その罪深い人間の一人である援助専門職

が，苦悩を抱える「人」（クライエント）に働きかけ，人生の不幸に立ち向かえるようにと援助しているのであるが，そのようなことは可能であるのか。援助専門職とは一体，何であるか。果たして「人」を援助できるのか。助けられるべきは，自分自身ではないのか。

してみれば，援助専門職の「究極の実践」とは，ただ「人」が今よりほんの少しだけでも幸福になれるように祈るのみだけではないのではなかろうか。筆者はこれを「立ち尽くす実践」と名付けた。[67]

また，他者の苦悩に関して，「働きかける側」が自らの内なる差別や偏見に気づき，「働きかけられる側」に対して「共生への願い」を持って働きかけようとした場合にも，「働きかけられる側」が，たとえ，その「差別に対する赦し」を抱いたとしても，援助者は決して今の時点では「当事者」ではないという厳然たる事実によって，決して「完全なる共生」には至らないという構図を，筆者は「共生への漸近線」（限りなく接近しても決してゼロにはならない）と呼んでいる。[68]援助者が最終的にできることは，ただ相手が自分の力で苦悩と立ち向かい，人生の苦難を切り拓く意欲を持ち続けることを，心から願って，その意味への航路でのせめてもの「安らかさ」を祈ることではあるまいか。

筆者は人生においてもっとも必要なものの一つは「明るい意欲」であると思っている。

最後に，フランクルが伝えた幾つかの言葉を繰り返して，本章を終えたいと思う。

「神以外はもうなにもおそれなくていい」

「苦悩することで，意味のある人生をおくることができる」

そして，「それでも人生にイエスと言おう」。

注・引用文献
(1) 竹内一郎『人は見た目が9割』新潮新書，2005年。
(2) 小田亮『利他学』新潮社，2011年，107ページ。
(3) 現在の世界の人間の中で，身長差の記録は173.5cm，つまり最長246.5cm，最短

73cm（2010年3月死去）とされる（AFP時事，2010年1月）。
(4)　中島義道『差別感情の哲学』講談社，2009年。
　　　中島は，2009年3月まで，電気通信大学教授。社会に衝撃を与えている書物名の主なものは次の通りである。
　　　　『人生に生きる意味はない』新潮社，2009年。
　　　　『働くことがイヤな人のための本』日本経済新聞出版社，2010年。
　　　　『きみはなぜ生きているのか？』偕成社，2010年。
　　　　『善人ほど悪い奴はいない』角川書店，2010年。
(5)　秋山智久「社会福祉実践と愛――『人』に働きかける愛とは何か」『キリスト教社会福祉学研究』第42号，2010年，64ページ。
(6)　吉田絃二郎『人間苦』新潮社，1920年。昭和初期の流行作家であった吉田の代表作は『小鳥の来る日』（新潮文庫，1957年）とされる。早稲田大学文学部講師も勤めた。
(7)　「福祉」の文字は，二字ともに幸福を示すにもかかわらず，社会福祉における幸福の研究は極めて少ない。そこで筆者が試みた次の文献を参考にしていただきたい。秋山智久「社会福祉実践の視点からの『幸福論』」『社会福祉実践論――方法原理・専門職・価値観』（改訂版）ミネルヴァ書房，2005年，336ページ以降。
(8)　筆者は40年来の希望の末，2009年夏にやっとアウシュヴィッツ絶滅収容所を訪ねることが出来た。そこで見たものは，普通の人間であるナチスのSS（親衛隊）隊員の普段の理性的・文化的な生活態度であった。一日の虐殺勤務が終わるとワインを飲みながらクラシック音楽を聴く態度などがその一例である。
(9)　これをせりふに用いたのが，黒澤明監督の映画「乱」である。
(10)　注意しておかなければならないのは，仏教でいう「苦」とは「思うようにならない苦しみ」というような意味である。これは後述したように，ショーペンハウアーが，幸福とは「好きなように生きられること」とした反対の状況（つまり不幸）といえよう。
(11)　五陰とも書く。これは「人間の生活をつつむ精神的・物質的は一切のものが執着されていることから起こる苦」である。岩本祐『日本仏教語辞典』平凡社，1988年，586ページ。
(12)　大木健『シモーヌ・ヴェイユの不幸論』勁草書房，1969年，3ページ。
(13)　同前書，103ページ。
(14)　同前書，10ページ。
(15)　ヴェーユ，S.／渡辺秀訳『神を待ちのぞむ』（新版）春秋社，2009年，83ページ。
(16)　前掲書(12)，64ページ。
(17)　同前書，65ページ。
(18)　同前書，97ページ。

第 8 章　人間の苦悩と人生の意味

(19)　同前書，102ページ。また，次のような表現もある。「人間にとっての絶望とは，誰からも無視されることである」（金泰明『欲望としての他者救済』NHK ブックス，2008年，62ページ）。
(20)　中島義道『不幸論』PHP 新書，2002年。
(21)　こうした考え，人生観がどのようにして生じてきたかは，中島の『愛という試練——マイナスのナルシスの告白』紀伊國屋書店，2003年，にある生い立ちから理解することができる。
(22)　ラッセル（Russell, B. A. W.）は，幸福のためには「努力とあきらめのバランス」が必要であると言う。ラッセル／安藤貞雄訳『ラッセル幸福論』岩波文庫，1991年，254ページ。
(23)　フランクル，V. E./山田邦男・松田美佳訳『宿命を超えて，自己を超えて』春秋社，1997年，146ページ。フランクルはオーストリアの精神科医，国立オーストラリア大学教授。1905-1997.9.2。代表作，霜山徳爾訳『夜と霧』（みすず書房，1985年），霜山徳爾訳『愛と死』（みすず書房，1983年），諸富祥彦監訳『「生きる意味」を求めて』（春秋社，1999年），山田邦男監訳『意味への意志』（春秋社，2002年），『それでも人生にイエスという』春秋社，1993年。父親は国家公務員で社会福祉省の局長であった。
(24)　小林秀雄「無常という事」『モオツァルト・無常という事』新潮文庫，1961年，87ページ。
(25)　山折哲雄『無常という名の病——受け継がれる魂の遺伝子』サンガ新書，2008年，202ページ。
(26)　小畠郁生監修『進化論の不思議と謎』日本文芸社，1998年。
(27)　NHK スペシャル取材班『女と男——最新科学が解き明かす「性」の謎』角川文庫，2011年。
(28)　チェーホフ／中村白葉訳「灯火」，『チェーホフ選集　第 1 巻』小山書店，1949年，229-230ページ。
(29)　前掲書(23)『意味への意志』19ページ。
(30)　日本人が以前から神社・仏閣で祈ることは，自分と家族のことであったのも事実である。たとえば，家内安全，商売繁盛，無病息災，子孫繁栄。そこには，世界平和などはあまり出てこない。
(31)　フランクル，V. E./山田邦男・松田美佐訳『宿命を超えて，自己を超えて』春秋社，1997年，96ページ。フランクル，V. E./山田邦男監訳『意味への意思』春秋社，2002年，参照。
(32)　同前書，202ページ。
(33)　同前書，19ページ。
(34)　同前書，11ページ。

(35)　同前書，29ページ。
(36)　フランクル，V. E.／山田邦男・松田美佳訳『それでも人生にイエスという』春秋社，1993年，における山田邦男の解説，193ページ。
(37)　フランクル，V. E. 前掲書(31)，1997年，153ページ。
(38)　同前書，81ページ。
(39)　太宰治「葉」『晩年』砂子屋書房，1936年。
(40)　フランクル，V. E. 前掲書(31)，1997年，における山田邦男の解説，186ページ。
(41)　同前書，189-199ページに詳しく解説してある。
(42)　同前書，20ページ。
(43)　筆者は，社会福祉実践が単に法令・財政の基に，事務的に行われる行動ではないなら，そこにあるのは何かという視点を持って，この「人に働きかける愛とは何か」という課題に取り組んだ。前掲論文(5)，参照。
(44)　前掲論文(5)，72ページ。
(45)　前掲書(23)，46ページ。
(46)　同前書，128ページ。
(47)　リンドバーグ，C.／佐々木勝彦・濱崎雅孝訳『愛の思想史』教文館，2011年，264ページ（訳者解説）。
(48)　前掲書(23)，1997年，46ページ。
(49)　同前書，199ページ。
(50)　同前書，161ページ。
(51)　セネカ／茂手木元蔵訳『人生の短さについて』岩波文庫，1980年，100-101ページ。
(52)　筆者は，ハンセン病への差別の歴史の中にある「怨念」を表現するために，敢えて「癩病」と表記する。
(53)　神谷美恵子『人間をみつめて』（神谷美恵子著作集 2），みすず書房，1980年，133ページ。
(54)　尾崎放哉は，東京大学経済学部卒で，大手の生命保険会社の支店長まで勤めたが，突如，放浪の旅に出た。最後は小豆島で過ごす。
　この句に対して，次の俵万智の和歌は全く別の状況を映し出している。
　　「寒いね」と話しかければ「寒いね」と答える人の　いる暖かさ」（俵万智『サラダ記念日』河出書房新社，1987年）。
(55)　釈迦はわが子に「ラーフラ」（悪魔）と名付けた。西行は出家の時，我が子を縁側からけ落とした。
(56)　前掲書(23)。
(57)　前掲書(25)，299ページ。
(58)　倉田百三『法然と親鸞の信仰（下）』講談社学術文庫，1977年。

第8章　人間の苦悩と人生の意味

(59)　前掲書(23)，122ページ。
(60)　秋山智久「社会福祉実践におけるプロテスタントと浄土真宗の近似性――他者との関わりと救済に視点より」『キリスト教社会福祉学研究』第39号，2007年，25ページ。
(61)　前掲書(47)，248ページ。
(62)　同前書，236ページ。
(63)　しかし，今日でも，従来の原子や分子は宇宙の存在の2割程度にしか過ぎず，他の8割は未だに科学では不明な「暗黒の物質」（dark matter）であるという。NHK「クローズアップ現代」2010年9月13日。科学で解らないことは限りなくある。
(64)　前掲書(23)，1997年，101ページ。
(65)　いくつか面白い例を挙げよう。
　　　映画「インディ・ジョーンズ：最後の聖戦」の最後に近いシーンで，主人公が橋の架かっていない，底の見えない，深い岩の亀裂に足を踏み出した瞬間に，主人公の足許に岩の橋が現れるシーンがある。監督の言いたかったことは，理性で納得できなかったとしても「信じて踏み出す」という姿勢の重要さなのではなかろうか。
　　　逆に，信じた振りをしても，本当は信じ切れない姿を描いたのは，NHK「アインシュタイン・ロマン」である。大峡谷から落ちてしまったアインシュタインは，偶然に絶壁の途中から突き出ていた一本の松の木にぶら下がることになる。「助けてくれー」と叫んでもどこにも聞こえない。手が疲れてくる。その時，雲が割れて声がする。「アインシュタインよ，私は神である。私を信ずるならば，あなたを助けてあげよう」。彼は助かりたい一心で「信じます」という。すると声が言う「ならばその手を離せ。私が受け止めてあげよう」。落下の法則を知る物理学者アインシュタインは，手が離せない。NHK「アインシュタイン・ロマン――プロローグ　知の冒険」1991年4月26日。
　　　口先だけで，本当には信じ切れないのである。
(66)　前掲論文(60)，20ページ。
(67)　前掲書(7)，348ページ。本書第10章第3節に詳述。
(68)　秋山智久「共生への漸近線」秋山智久・平塚良子・横山穣『人間福祉の哲学』ミネルヴァ書房，2004年，27-28ページ。本書第10章第1節に詳述。

第9章

社会福祉哲学の必要性と独自性

1 社会福祉哲学の必要性

　わが国では1970年代に入って,「福祉の心」が論議され始めたが,「福祉の哲学」もまた同様に,70年代以降にその著述が現われている。それまでは,「福祉の哲学」はそれ自体が体系的に論議されたことは余りなく,一部,ソーシャルワーカーの倫理綱領とソーシャルワークの原理・原則の中にソーシャルワークの価値観として主として語られてきたにすぎない。
　"Social Work and Ideology" の中でソーシャルワークの価値基盤を求めて,イデオロギーと哲学との関係を探ったハント (Hunt, L.) は,「ソーシャルワークの論議や著作の中に哲学がほとんど存在していなかった」ことを指摘している。
(1)
　しかし,今日,「社会福祉哲学」が必要とされ,少なからぬ研究が現われ始めたのは,主に次のような時代の要求が出現し始めたからである。
　これを,「社会福祉哲学の必要性」という視点から,次の8点で考察する。
(2)
　①　社会福祉哲学による平和・人権・安全の探求
　社会福祉の発展の根底に平和・人権・安全をおく必要があり,それらの位置を「社会福祉哲学」によって確認する必要がある。特に,今日,世界情勢の中で,イラク戦争,イスラエル・パレスチナ紛争や各地での民族・宗教を巡る紛争の進行や,イスラムの中でのスンニ派とシーア派の戦い,IS (イスラム国) の国際的な紛争とテロや,わが国においては憲法第9条改正の動き,イラクへ

の自衛隊派遣,集団的自衛権,安全保障関連法案などの問題が生じている時にあっては,平和の重要さを社会福祉発展の最重要条件ととらえることは不可欠である。このことは,従来の社会福祉の原理論といったものではカバーできない広い課題である。しかし,考え方としては,「大砲かバターか」といった形で,すでに問題提起されてきた課題でもある。

② 社会福祉哲学による人間尊重,生命の尊厳,人権の探求

人間尊重,生命の尊厳,人権とは何かを徹底して探求することは「社会福祉哲学」の重要な課題である。

従来,社会福祉や他のヒューマン・サービスでも生命尊重が重視され,「命一番」という視点から,制度・政策や援助も推進されてきた。しかし医学や看護学とは異なった社会福祉では,「生命尊重」にさらに社会的要素や個人の精神的な価値観を濃厚に加えた「人間尊重」の概念(本書図3-2)が明確にされ,その重要視が検討されなければならない。

③ 社会福祉哲学による社会福祉の進むべき方向の示唆

価値観の多様化の時代において,社会福祉とは,何をなすべきかは,優れて「社会福祉哲学」の指し示す課題である。嶋田啓一郎が指摘するように,価値の多様化と欲望の多様化の混同を見極めることも重要である[3]。

④ 社会福祉哲学に基づく社会福祉的人間観の確立

社会福祉的人間観の確立が,「社会福祉哲学」によって導き出されなければならない。社会福祉的人間観とは,人間を手段として扱い,人間を非人間化し,人間の存在そのものでなく人間の能力(労働力)などによって,人間を評価し,差別・選別しようとする,いわば資本主義的人間観に厳しく対抗する人間観である。この社会福祉的人間観の確立をソーシャルワーカーと国民一般にもたらす役目を「社会福祉哲学」は負わなければならない。

⑤ 社会福祉哲学に基づく「倫理綱領」の検討

ソーシャルワーカーの「倫理綱領」に価値的な根拠を示すのが,社会福祉哲学の役目である。これはソーシャルワーカーの客観的価値の基盤として,さらに行動指針として,ソーシャルワーカーの間にコンセンサスが得られたものの

明文化である。

　そしてこの専門職団体の倫理綱領の機能としては，価値志向的機能，教育・開発的機能，管理的機能，制裁的機能の四機能が考えられる[(4)]。そのいずれもが専門職のメンバーと社会によって承認された価値を示すものであるが，中でも，価値志向的機能に表される実践の方向づけは重要である。

　1960年に採択された全米ソーシャルワーカー協会（NASW）の倫理綱領は，その前文に「ソーシャルワーク専門職の哲学」という考え方を示し，「ソーシャルワークは人道主義と民主主義の理念に基盤をおく」としていた。1986年4月（新規改正前），「日本ソーシャルワーカー協会倫理綱領」の宣言では，その前文に「日本国憲法の精神と専門社会事業の原理」に従うと述べていた。

　わが国のソーシャルワーカー4団体は[(5)]，社会福祉専門職連絡協議会を設置し，共通倫理綱領の作成を目指し，2004年6月に「ソーシャルワーカーの倫理綱領」を公表した[(6)]。

⑥　社会福祉哲学による社会福祉実践の価値観の探求

　社会福祉哲学は，ソーシャルワーカーの日々の実践のための原則，つまり社会福祉実践方法論の原則の根底にあって，それに生命を与える価値観を提供する。社会福祉実践は単に技術によってのみ遂行されるわけではない。先述したように，社会福祉実践は，コノプカ（Konopka, G.）がその博士論文「ソーシャルワークの哲学」の中で，リンデマン（Lindeman, E. C.）の言葉として引用したように，「価値概念の含まれた事実」（fact infused with value）に直面しており，価値的に見なければその意味を理解することのできない事柄と常に向かいあっている。

　その意味では，バートレット（Bartlett, H. M.）が指摘したように，ソーシャルワーク実践は方法以外にも，価値・目的・社会的承認の上に成立している[(7)]。従って，ソーシャルワーカーは，「事実と価値の双方の世界に住んでいる」（コノプカ）のであり，「魂なき専門家」（ウェーバー（Weber, M.））になることは許されないのである。

　たとえば，個別化，受容，自己決定などの実践原則における手段的価値の背

第Ⅲ部　社会福祉とは何か

後には，人間尊重といった基本的価値が働いているのである。

⑦　社会福祉哲学による社会福祉の「対象」となる人間の不幸，人生の不条理の解明

ところでもっとも根本に立ち返って，人は「人」を援助しうるのかという問いを考えてみよう。少し長いが，著者が以前執筆した「福祉援助者の倫理と心構え」から再掲する。

「不幸な人間は一生不幸に生まれついているに違いない」（吉田絃二郎『人間苦』）という人生の現実を正面からとらえる時，働きかけても働きかけても，努力してもあがいても，なお不幸から一歩も脱しえないどころか，益々その悲惨さを増していくという人間の運命の不条理をどう考えたらいいのであろうか。「援助」は果たして為し得るのであろうか。働きかけても，援助しても，あるいは何も変わらないかも知れない状況……多くは徒労に終るであろう実践……。そこには「私たちは何もなし得なかった。しかし，何か決定的なことを為し得たかも知れない」（谷昌恒）という，深い，表面に把らわれない，長い時間をかけて見ていくことが要求される。そのような関わりの姿勢が求められている。

しかし，その時点では何の変化も見られず，数年も後に，社会福祉利用者（クライエント）の心の内深くに密かに打ち込まれ，育てられていた（ワーカーに代表される）「人間への密やかな信頼」「人生へのわずかな期待」が，ある日，芽生えた時，「もう一回生き直してみよう」と思った時，"何かを為し得ていた"のかも知れない。

人生に挫折し，人に裏切られ，愛する人を失って（愛別離苦），また共に居る人への憎しみを克服できないで（怨憎会苦）[仏教の四苦八苦の中の二つ]，一人で救いを求めてさ迷い歩く道がある。社会福祉援助者は社会福祉利用者（クライエント）を理解し，受容しようとするが，ワーカーの想像力を越えた，受容の感受性を遙かに越えた，過酷な現実が人生にはあるであろう。この時，「よく解ります。大変でしたね。」と言うのは，やはりいつわりなのであろう。相手の経験した人生の重みとうめきの前に，その痛みを

第9章　社会福祉哲学の必要性と独自性

想って，ただ"立ち尽くす"ことしか出来ないことが誠実な社会福祉援助者の態度なのであろう。そして，その社会福祉援助者の，"何もできない，しかし，ただわずかなりとも理解したいと願うだけ"という「立ち尽くす実践」，「何もしない実践」，それでいて，根本から「人」を支える実践，というものが，きっと有るのでしょう。

　そうした人生の重み，呻きや人の世の悲惨さと不条理を正面から見つめ，援助する側の「弱さ」を見つめる社会福祉哲学が必要である。

⑧　社会福祉従事者の実践の拠り所，支える価値観の提供

　困難な福祉問題に日々直面する社会福祉実践の現場にあって，その困難さを乗り越えて，社会福祉利用者（クライエント）を援助しようとするソーシャルワーカーには，その実践を支える何らかの思想・価値観・信条・信仰等が必要な場合が多い。そこではどうしても，単なる生活費稼ぎの仕事ではない専門職の「天職」としての意味を求める行為が伴ってくる。プロフェッション（profession）とは，calling（召命）であり，Beruf（使命感：ドイツ語）である。

　さらにそこに劣悪な労働条件がある時，挫折しそうになる自分を支え，バーンアウトしそうな自分に「明るい意欲」を与えてくれる精神的な支えが欲しくなる。かつて筆者も体験した一日24時間，365日の住み込み労働で月給2.5万円というような条件に置かれた時，当時の「社会事業従事者」には信仰か，よほど強固な思想がなければやっていけないなどと言われたものである。

　こうした社会福祉実践の精神的基盤を，社会福祉哲学は探求し，提供することが必要となる。

　以上，八点より「社会福祉哲学」の必要性を述べたが，これらの必要性は将来「社会福祉哲学」が次第に体系化される時に，その主要な構成要素ともなるものであろうと筆者は考えている。

2　社会福祉哲学の独自性

　近年，社会福祉哲学に関する優れた著作が数点，発刊されてきて，その内容が深く検討されるようになってきた。(10)

　しかし，ここに基本的な質問が生じる。社会福祉哲学と今までの一般の哲学（学問領域ごとの哲学，たとえば社会哲学・教育哲学などではない）とは何が違うのであろうか。それを大きく，次の二点から考察する。

従来の哲学との違い
　従来の哲学は，古代ギリシャ哲学をその始まりとして，近世において近世哲学の祖・デカルト（Descartes, R.）により近代哲学が始まったとされる。(11)大陸合理論を中心とする，こうした近代哲学の中心的概念は，存在と認識，現象と本質，ものごとの根源などであった。しかし，社会福祉研究では，こうした「哲学をどのように理解するかについての考察がほとんどされていない。これは福祉哲学に関する先行研究の最大の課題である」(12)という批判がある。社会福祉哲学の研究者は，この言葉を重く受け止めなければならない。

　イギリス経験論のベンサム（Bentham, J.）が「最大多数の最大幸福」として個人幸福を述べた「最大多数」からは，障害者などの少数者，いわゆる「社会的弱者」は除外されていた。同様に，幸福論（世界五大幸福論）(13)からも，人間苦，人間の苦悩は排除されて，普通の一般人（つまり，知的障害などない人々）は排除され，普通の人間の「幸福」が探求されたのであった。

　普通の人間を対象とする「小さな幸福」は，その人たちの幸福の内面的条件を検討の対象として，「社会的弱者」を論ずることはなかった（ラッセル（Russell, B. A. W.）なども）。このことは，人間の諸欲求を研究したマズロー（Maslow, A. H.）の自己実現の対象にも表れている。マズローの研究の究極の対象は『完全なる人間』（誠信書房，1998年（第2版））であった。

大きな幸福

　従来の「哲学」の中では，人間の生き方を探求する，俗にいう人生哲学・人生論は，えせ哲学か亜流としての扱いがされてきた。しかし，人間にとってはこの「いかにいきるべきか」は重要な関心事である。

　ウェーバーの『職業としての学問(14)』の中に，トルストイ（Tolstoy, L. N.）が"学問はそれは無意味な存在である，それはいかに生くべきかを教えてくれない"からであるという言葉が出てくる（本書，58ページ参照）。

　社会福祉哲学はその人間の生き方の中でも，少数者のあり方をその視点の中心におく。「福祉」は字義的には幸福を表すが，実際に対応するのは，人間の不幸である。日々が幸福で，楽しくて，ハッピーな人たちには「社会福祉」は要らない。つまり，社会福祉哲学は「他者への痛覚」を持って名もなく，貧しく抑圧されている人，そうして死んでいくかも知れない少数者を対象とするのである。社会福祉の対象には，社会保険・国民年金によって一般国民になったという広義の社会福祉の対象と共に，少数者を対象とする狭義の社会福祉の対象という見方が重要なのである。

　そこには少数者を含む「大きな幸福」という考えがある。これは，同じ功利主義の中でもベンサムの「個人幸福」に対して，ミル（Mill, J. S.）の「社会幸福」の考えに類似している。

　社会福祉哲学は個人の「人間苦」から拡大して「社会苦」という視点を持ち，そこから幸福論ではない，「不幸論」への視野が広がっていくのである。そこでは個人責任ではない，社会悪に焦点を当て，構造的暴力（貧困など）に注目する。

　社会福祉哲学の課題は，一般の人間を対象とした場合でも大別して二つあると考える。

　一つは，人間一般の幸福の社会的条件（社会正義・人権・平和的生存権など：経済的条件の検討は経済学などの役割(15)）を研究すること，そしてそれらの中にある不備・不正を，社会福祉のソーシャルアクションやアドボカシーにつなげていくことである。

表9-1　社会福祉哲学の独自性（従来の哲学との相違点）

	対象	主たる課題	視点	研究方法	実践
従来の哲学	・通常の人間（健常者）[*1] ・一般市民 ・究極は「完全なる人間[*2]」	・存在と認識 ・本質と現象 ・正義・平等・自由・意思・美 ・幸福（小さな幸福・個人幸福）	・通常の人間の理性を基盤 ・アリストテレス的思考法[*4]	・思索・思弁 ・内観	・普通の人への臨床哲学
社会福祉哲学	・社会福祉利用者[*3] ・少数者（社会的に弱い立場の人々：貧困者・高齢者・障害者・孤児など）	・生活苦 ・社会苦（社会的障害） ・不幸 ・大きな幸福（社会幸福）	・当事者の視点 ・最底点における人間尊重 ・「側」の論理 ・差別される側 ・ガリレオ的思考法[*5]	・他者への痛覚（痛みの共感） ・「他人事ではない」ことへの洞察	・少数者への支援（社会福祉の活動・実践・援助） ・ソーシャルワーカーの倫理綱領の実践

注：[*1]　アリストテレスなどギリシャ哲学以来の伝統。高田三郎訳『ニコマコス倫理学』岩波文庫，1971年。
　　[*2]　マズロー，A./上田吉一訳『完全なる人間』誠信書房，1998年。
　　[*3]　狭義の対象。広義には，国民一般（年金や社会保険）。
　　[*4]　レビン，K./相良守次・小川隆訳『パーソナリティの力学説』岩波書店，1957年（本書第7章第1節参照）。
　　[*5]　同前書。
出所：筆者作成。

　二つ目は，社会的な基本的ニーズの不充足・不調整や不幸の中にいる人間の個別的な条件（個別性）を研究して，それを変革や支援（活動・実践・援助）に結び付けていくことである。

　これらの根底にある考えは，次の指摘の通りである（再掲）。

　「或る人に起こることは君にも一つ一つ起こりうることを知るべきである」（セネカ）

　こうした従来の一般の哲学と社会福祉哲学との違いを表9-1にまとめる。

3 社会福祉哲学の構造

社会福祉哲学の枠組

　社会福祉哲学はどのような枠組を持っているのであろうか。別の言い方をすれば，その中に入る大きな類型は何であろうか。

　筆者は，以前は次のような三つの類型を考えていた。[16]

　①　福祉の倫理，ソーシャルワークの哲学（福祉実践の哲学）

　従来，「福祉の哲学」といわれた内容の中核部分には，この専門ソーシャルワーカーのあるべき姿や，クライエントへの態度が位置していたと言えよう。つまり，人格でもって人格に接していくソーシャルワーク実践にあって，まず，自己の内面を点検し，自らの「内なる差別」を自己告発し，日々の実践にあって，クライエントに接し，「共に」あることを願う中で，クライエントとの出会いによって，自らが豊かになり，解放されていくというソーシャルワーカーの姿を探究していく姿勢を示したものが，これである。

　ソーシャルワーカーの「倫理綱領」（Code of Ethics）は，それがもっとも集約的に明文化されたものである。

　②　福祉の心，社会福祉の価値観・人間観

　今までにもっとも広範に使用され，福祉らしい心構えと雰囲気をただよわせていたのが，「福祉の心」である。それをやや明確にしたものが，社会福祉の価値観であり，人間観である。それらの中核にあるのは，透徹した人間理解を求め，人間尊重の立場に徹底的に立つことを志向することであり，また，相互依存・相互援助によらなければ生きていけないという視点から，社会福祉への国民の理解と関心を喚起しようとする訴えである。従って，この「福祉の心」を保持し育てることが求められる者は，①のソーシャルワーカーを含みつつも，その主体は国民一般が中心である。

　③　「社会福祉哲学」（狭義）

　これまで福祉の哲学といえば，前述した①，②のように，ソーシャルワーカ

ーおよび国民一般の人間理解と態度を問うものとして存在してきた。
　それは，社会福祉実践と社会福祉政策の根底に位置すべきものであって，それらを根源的に支えていく，平和・人権・安全の存在を視野に入れていた。つまり人間らしい生活を日々の平安と人権保障の視点から凝視しつつ，それらの基盤となる国際社会の平和をも「社会福祉哲学」のカテゴリーに入れることこそが，社会福祉実践・社会福祉政策を一時的な小手先のものとしない要諦となるのである。

広義の社会福祉哲学

　この視野の中には，当然，「差別」へのアプローチと対策が入ってこなければならない。
　以上，各種の用語を三つに分類してみたが，これらを構成要素として，さらに総括していく概念として，「社会福祉哲学」（広義）を設定しようとするのが，筆者の構想である。この広義の「社会福祉哲学」には，従来の「福祉の思想」の内容に(1)の，平和と人権の思想を明確に位置づけることによって，従来の「福祉の思想」のように（単に）人間関係の場における人間理解・人間尊重にとどまらないようにする。
　以上の三つの要素を含んだ（旧）「社会福祉哲学」を図式的に表わしてみると，図9-1(a)のように三重の輪になる。
　しかし，さらに一つ追加して四重の輪（図9-1(b)）にする必要があると考えた（広義の社会福祉哲学）。プラスするのは「地域福祉・福祉政策の哲学」である。今日の社会福祉の視野は，個人の人間（クライエント・ソーシャルワーカー・市民）の内部にとどまらず，広く福祉社会・福祉国家・福祉世界（国際福祉）の枠に拡大する必要があるからである。
　以上の視点に立って，さらに社会福祉哲学の内容を検討していくことが今後の課題となる。また今後，本書において「社会福祉哲学」と記した時には，四重の輪の広義の社会福祉哲学を意味することとする。

第 9 章　社会福祉哲学の必要性と独自性

図 9-1　社会福祉哲学の構造

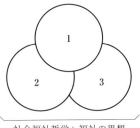
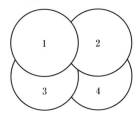

（a）（旧）社会福祉哲学の構造　　（b）（新）社会福祉哲学の構造

1　狭義の社会福祉哲学［ポイント：平和・人権・安全］
2　ソーシャルワークの哲学［ポイント：ワーカーの態度・価値観］
3　福祉の心［ポイント：人間尊重］
4　地域福祉・福祉政策の哲学［ポイント：コミュニティ・世界への視点］
出所：筆者作成。

4　社会福祉哲学の重要理念

　社会福祉哲学に関連する重要理念については，ここまで本書の各章でくり返し述べてきている。
　それらをまとめると，次のようなものである。
① 　広い価値
　愛・人格・人間観・人権と権利・平和と福祉・幸福と不幸・自己実現・平等・自立の思想
② 　実現の方法
　社会連帯と相互扶助・価値と倫理・倫理綱領・自己決定・感受性（感性）, 基本的ニーズ（充足・調整）
③ 　社会
　差別の構造・社会福祉と宗教・異文化と国民性・ノーマライゼーション
④ 　実践
　生活の標準と水準・QOL の三層構造・立ち尽くす実践・「見える」ことと

173

「できる」こと。

　そこで以下では，今までに述べなかった社会福祉哲学に残された理念を検討することにする。

　「人間」とは何か，「人間」をいかに見るかという「人間観」は，社会福祉の生命線である[17]。よくわれわれは「人間の価値」を問題とする。しかし，いかに「人間の価値」を深くとらえようと試みても，そこに「価値」基準が存在する以上，能力・美・健康などその個人の「持っているもの」が評価されるのであって，「その人自身」が丸抱え的に受容され，肯定されることにはならない。つまり，価値的に人間を見ることは，結局のところ，現代の資本主義社会においては，労働能力・生産性の尺度から人間を判断・評価し，さらに選別・差別に至る道をつけることになることはすでに述べた。

　では一体，人間をいかにとらえるのか。ここでカント（Kant, I.）の重大な言葉が浮かんでくる。「すべて諸物は価値を有するが，ひとり人間のみは尊厳を有する」と。人間を見る視点は，こまぎれの「価値」基準ではなく，丸抱えの「尊厳」にある。つまり，人間を価値的に見てはならないのである。

　重症心身障害児・最重度の障害者・いわゆる植物状態の患者（この表現には問題があるが），さらに「貧しい人々の中で最も貧しき人々」（マザー・テレサ（Mather Teresa））など，最低辺ではなく，「最底点」に位置する人々をどうとらえるかは，社会福祉の生命線となる。

　人間の階層（例としてヒンドゥー・カースト）はよく図9-2のように安定した三角形で表すが，そうした差別的な社会は実際には不安定であり，その下に鍋底がついてぐらぐらしている（日本の例でいえば，士農工商の下の被差別部落の存在である）。最底点は，その一番下である。

　この最底点で人間尊重を守ることを譲ってしまうと，図中の矢印のように最低辺以上の階層にまで差別・迫害が及んでくる。その線から一歩譲れば，後は，なし崩し的に，少しずつ問題の軽い人にも人間軽視・人間否定の考えと行動が及んでくることは，ナチス・ドイツの軽度の知的障害者から始まった迫害でもわかる通りである[18]。

第9章　社会福祉哲学の必要性と独自性

図9-2　最底点における人間尊重（ヒンドゥー・カーストを例として）

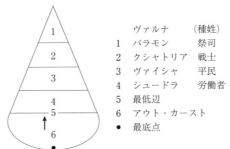

```
ヴァルナ　　　（種姓）
1　バラモン　　　祭司
2　クシャトリア　戦士
3　ヴァイシャ　　平民
4　シュードラ　　労働者
5　最低辺
6　アウト・カースト
●　最底点
```

注：6は，インド憲法341条では，指定カースト民（Scheduled Castes）と呼称されるが，当事者はダリットという呼称を好んでいる（ガンディー（Gandhi, M. K.）は，偽善的にハリジャン（神の子）という呼称を使用した。
出所：筆者作成。

　路上で生まれ，「いらない人」と思われ，路上で死んでいく人々に対して，マザー・テレサが語り続けた，"あなたは望まれて生まれて来たのです。あなたは存在する意味がある大切な人なのです"という言葉は，徹底的な人間肯定の上に立って，人間にとって何がもっとも大切であるかを教えている。
　マザー・テレサは言う[19]。
　　「今日の最大の病気は，らいでも結核でもなく，自分はいてもいなくてもいい，だれもかまってくれない，みんなから見捨てられていると感じることである。最大の悪は愛の足りないこと，……すぐ近くに住んでいる近所の人が，搾取や，権力の腐敗や，貧しさ，病気におびやかされていても無関心でいること」。
　卓越したキリスト教神学者で社会福祉にも理解の深いティリッヒ（Tillich, P. J.）は，その論文「ソーシャルワークの哲学」の中で，同じように人間にとって重要なのは，「自己が存在することの必要感（the feeling of being necessary）」を人々に与えることであると述べている[20]。
　熟さぬ用語ではあるが，この「存在有意観」（いかなる人間も存在していること自体が大切であり，意味があるという人間観[21]）や，自分は「要らない人」ではないと感じることは，「社会福祉哲学」における人間肯定・人間尊重の出発点である。

175

このことを指摘した人々は多い。教育学者石井次郎は講演記録「福祉の哲学」の中で,「人間の中には,有用性に還元されることのできないものがある」と述べ,また,糸賀一雄は『福祉の思想』の中で,知的障害児も「生命の尊厳と自由な自己実現を願っており,うまれてきた生き甲斐を求めている」と語っている。

注・引用文献

(1) Hunt, L., "Social Work and Ideology", Noel Timms and David Watson edited, *Philosophy in Social Work*, 1978, p. 24.
(2) 秋山智久「『社会福祉哲学』試論——平和・人権の希求と社会福祉的人間観の確立」『社会福祉研究』第30号記念特大号,1982年,を次の文献で大幅に加筆訂正して6点を8点とした。秋山智久・井岡勉・岡本民夫・黒木保博・同志社大学社会福祉学会編『社会福祉の思想・理論と今日的課題』筒井書房,2004年,334ページ以下。
(3) 嶋田啓一郎「社会福祉における価値と方法論」,仲村優一・秋山智久他編『社会福祉方法論講座Ⅰ 基本的枠組』誠信書房,1981年,35ページ以下。
(4) 倫理綱領の機能:この倫理綱領が果たす機能には,次のような四点が考えられる。
　①価値志向的機能:専門職が基盤とする基本的価値が示される。たとえば,「日本ソーシャルワーカーの倫理綱領」(最初はJASW・1986年4月26日宣言)の「前文」には,「平和擁護,個人の尊厳,民主主義」という価値が示されている。
　②教育・開発的機能:ソーシャルワーカーの生涯教育の一環として,何をどのように学ぶかを示し,クライエントのために,より専門的な実践に向けて「学び続ける」ことを励ます機能である。前述の倫理綱領の「専門職としての責務」の項目には,「常に自己の専門的知識や技能の水準の維持向上につとめる」ことを唱い,また,「援助方法の改善,向上に心がけなければならない」としている。
　③管理的機能:専門職としての行為の基準(規範)を示すことによって,クライエントに不利益が生じないように,また,組織人としてのワーカーに対し,組織の中のチーム実践が可能となるように,管理する機能である。前述の倫理綱領は「クライエントの秘密保持」「プライバシー保護」を掲げている。
　④制裁的機能:専門職が倫理綱領から著しく逸脱した行為を行って,クライエントの身体・生活・財産・権利などを侵害した場合に,専門職団体が懲戒を加える機能をいう。「「社会福祉士及び介護福祉士法」の第46条には「秘密保持義

(5) その団体の英語の頭文字を取った，いわゆる MSPC（団体成立順）の４団体である。Mは，日本医療社会福祉協会，Sは日本ソーシャルワーカー協会，Pは日本精神保健福祉士協会，Cは日本社会福祉士会である。
(6) 筆者は「日本社会福祉学会『社会福祉と倫理』特別委員会」委員長として，この案に対し，委員会の綿密な論議を基に，それぞれの案に対し，A4判約５枚の「意見書」を執筆，提出した。
(7) バートレット，H.／小松源助訳『社会福祉の共通基盤』ミネルヴァ書房，1978年。
(8) 秋山智久「福祉援助者の倫理と心構え」『NHK 社会福祉セミナー』10-12月号，2002年10月，56～57ページ。
(9) 秋山智久『社会福祉実践論』（改訂版）ミネルヴァ書房，2005年，はしがき，3ページ。この「はしがき」では，実践を続けるための「明るい意欲」について述べている。その中で筆者は，社会福祉施設の職員住宅の部屋に，冬の朝，室内に雪が積もっていた体験を述べている。
(10) その代表的な著作は，次のようなものである。
　　加藤博史『福祉哲学――人権・生活世界・非暴力の統合思想』晃洋書房，2008年。
　　中村剛『福祉哲学の構想――福祉の思考空間を切り拓く』みらい社，2009年。
　　中村剛『福祉哲学の継承と再生――社会福祉の経験をいま問い直す』ミネルヴァ書房，2014年。
　　彼らが「福祉」哲学といっているものは，社会福祉の省略形である福祉であって，「社会福祉哲学」と同義である，とのことであった。
(11) アリストテレスの哲学は，普通の人間の「よい生」「正しい行い」を対象とした。そこでは「よし悪しを人間の『幸福』（エウプラクシアー＝よく為すこと）という究極の目的」として考察する「行為知」が重視される。鷲田清一『哲学の使い方』岩波新書，2014年，88-90ページ。
　　アリストテレス／高田三郎訳『ニコマコス倫理学（上）』岩波文庫，1971年，などからは，後述するように社会福祉哲学が対象とする少数者の不幸は，当然のように除外されている。
(12) 中村剛『福祉哲学の構想――福祉の思考空間を切り拓く』みらい社，2009年，64ページ。
(13) ラッセル（英），アラン（仏），ヒルティ（スイス），ショウペンハウアー（独），三谷隆正（日）。注(9)の文献，338ページ以降，参照。
(14) ウェーバー，M.／尾高邦男訳『職業としての学問』岩波書店，1951年，43ページ。
(15) 嶋田啓一郎の，孝橋正一との論争における「経済的なるもの」と「社会的なるも

の」という視点を想起する（嶋田の二重焦点説）。

(16)　前掲論文(2)，および，秋山智久『社会福祉実践論（改訂版）──方法原理・専門職・価値観』ミネルヴァ書房，2005年，382-383ページ。

(17)　前掲論文(2)。

(18)　ギャラファー，H. G.／長瀬修訳『ナチスドイツと障害者「安楽死」計画』現代書館，1996年や「ニュルンベルグ裁判」参照。

(19)　マルゲリッジ，M.／沢田和夫訳『マザーテレサ』女子パウロ会，1976年，94ページ。

(20)　ティリッヒ，P.／松井二郎訳「ソーシャル・ワークの哲学」『基督教社会福祉学研究』第14号，1981年，113ページ。

(21)　人間は何か（富・美・力・地位，能力［偏差値］など）を持っている（have）が大切なのではなくて，存在していること（be）自体で意味があるという視点は，そういうものを持たない最重度の障害者，重症心身障害児を理解・肯定するのに重要な人間観である。その人間観から，そういう「人」たちを如何に援助していくのかが「援助観」となる。参考，狭間香代子『社会福祉の援助観──ストレングス視点・社会構成主義・エンパワメント』筒井書房，2001年，および，新井愛子『障害者福祉の援助観──自己実現を支える関係性』筒井書房，2010年。

(22)　石井次郎「福祉の哲学」牛島義友編『福祉の哲学と技術』慶応通信，1980年，35ページ。筆者はこのことを「有用性からの脱却」という語で表してきた。

(23)　糸賀一雄『福祉の思想』NHKブックス，1968年，64ページ。

第10章

望ましい社会福祉実践を目指して

1 共生への漸近線

　今日，共生社会というが，そこには，本当に「共にありうるのか」という難しい課題がある。

人と「人」との関係
　人と「人」との関係を英語の前置詞で表してみると，次のような幾つかのパターンがある（図10-1）。
　人に（to）何かを与えるというのは不遜だし，人の「ために」（for）というと何となく傲慢に聞こえる。「共に」（with）といった方が謙虚に聞こえるから「共に」生きるという。また，最近では利用者自身によって（by），または利用者から（from）と言った方が思想的に聞こえると考えられている。
　そして「共にある」とか「共生」という言葉を使うが，実際にはそれは実行しにくい。なぜならば，それは人間の根源的な感情に「快・不快」というもの

図10-1　「人」との関係

```
人（働きかける人）……「人」（働きかけられる人）
    ──→  to    （［上から下］へ）
    ──→  for   （［可哀相な人の］ために）
  ┌ ──→  with  （［利用者と］共に）
  │ ──→  by    （［利用者自身］によって）
  └ ──→  from  （［利用者自身］から）
```

出所：筆者作成。

第Ⅲ部　社会福祉とは何か

図10-2　共生への漸近線

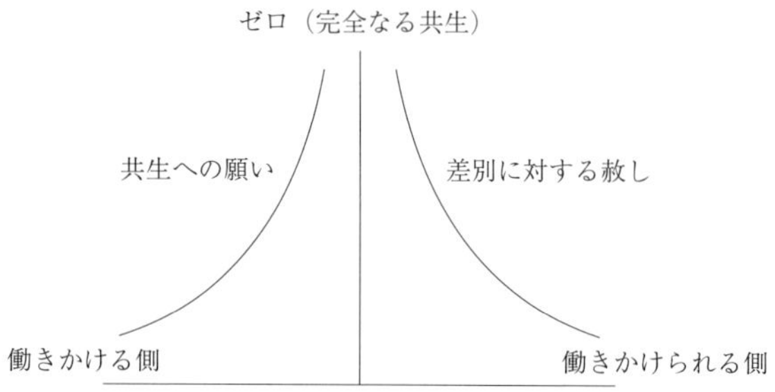

ゼロ（完全なる共生）

共生への願い　　差別に対する赦し

働きかける側　　働きかけられる側

出所：筆者作成。

があり，それを相手（「人」）が瞬時に感ずるという問題があるからである。

共生への漸近線

　こうした状況の中で筆者が考えるのは「共生への漸近線」ということである。漸近線とは縦軸の0（ゼロ）に限りなく近づいていくが，決して0（ゼロ）にならない線のことをいう。今の時点において，われわれ自身は認知症の人や重度の障害者やホームレスではない（かもしれない）。しかし，今，そういう状態にあることが「共にある」とするならば，われわれは「共に在り得ない」のは当然のことである。

　こうした関係を「援助関係を構成する二者の間に見られる『立場の相違』」ととらえて「援助関係の非対称性」と呼ぶ研究がある。「援助者とクライエントの役割とが本質的に異なっている」から，「援助者はクライエントに助けを求めてはいない」のである。

　しかし，両者は離れていってしまうのではなく，限りなく0（ゼロ）に近づこうとしながら，「本来，共に有り得ないものが共にあろうとする道筋を歩み続けていく」ことによって少しでも相手に近づいていこうとする。これが図10-2の「共生への漸近線」である。

　図の縦軸を挟んである，右側の曲線は，障害者である相手の側も，健常者に対しあなたは差別者なのだから，あなたは健常者なのだから，金持ちなんだか

第10章　望ましい社会福祉実践を目指して

らと言わないで,「人」のほうも働きかける側に近づいてきてくれることを意味する。お互いにそういう考え方ができないのかということをこの「共生への漸近線」は表している。

しかし,こうした援助関係を「最終的には,両者を延長線上に位置づける」としたロジャース(Rogers, C. R.)に対して,『我と汝』で著名なブーバー(Buber, M.)は「我と汝の関係」は援助関係とは「両者は似て非なるもの」として批判したのであった。筆者も上記のように「ゼロ(完全なる共生)」にはなり得ないと考える。

2　望ましい五つの実践

社会福祉における「望ましい実践」を五つ,次に考えてみたいと思う。

痛みを感じる実践
筆者のゼミ生であったある学生が,合宿の時にこういう話をした。
　「広い意味での障害者の出現率は3％,これを漫画的に言うならば,神様がいて石ころを三つ投げ,当たった人が障害児として生まれるとするならば,自分自身が生まれるときに石ころが自分の横をヒュッと通った気がする。あのときは私には当たらず,勘弁してもらえたけれども,この次は勘弁してもらえないだろう。私は障害児を生むに違いない」。
神谷美恵子がこのことを思想的に裏付けている。
　彼女は津田塾大の英文科を出てもう一度医学を勉強し直して,ライの島「長島愛生園」の精神科医になった。日々,ライの後遺症で目がつぶれ,手足の歪んだ患者を診ながら思うことがある。どうして私は医者で,働きかける側で,歩き回れてこの島から出られるのか,しかし,どうしてこの患者さんは縛りつけられてこの島から出られないのか。そして神谷美恵子の結論は,「そうだ,この人は私に代わってくださったのだ」であった。この人が三つの石ころを引き受けてくれたから私は残りの97％に入ることが

181

できたのだという身代わりの思想である。生物として三つの石ころを誰かが引き受けない限りは，残りの97％は健常であり得ない，ということであろう。「この人はわたしに代わってくださったのだ」という痛みをわれわれが持ち得るかという課題がある。

　スミス（Smith, W. E.）が写した水俣病の母子の入浴中の写真がある。いかなる記述よりもこの一枚の写真が水俣病を最も強烈に世界に伝えたといわれるものである。その母親上村良子さんは胎児性水俣病のわが子智子さんを「宝子」と呼ぶ。それは「この子がわたしの食べた水銀を全部吸い取って生まれてきてくれたので，わたしも（この子の）妹や弟たちも元気でおられます。この子が一人で水銀を背負ってくれたわが家の大恩人」だからという。まさに直接的に「この人はわたしに代わってくださったのだ」である。

誇らない実践

　社会福祉従事者が自分でもよくやったという実践を行った時，自分をほめることがあるであろう。しかしその後何が起こるのであろうか。

　東京都内の児童養護施設に就職した筆者のゼミの卒業生の話である。

　その児童養護施設を，暴力で支配している高校3年生の男子がいた。そこで好き勝手気ままでででたらめな生活していた。施設長や指導員は後8か月あまりで高校を卒業するのだからと，まあまあ，なあなあと我慢していた。ある時その高校生がまた無茶なことを行った。しかし皆は黙ったままだった。その時，そのゼミの卒業生が「あなたは間違っている」と言った。そのようなことを言われたことのない高校生はカーッとなってのしかかって来た。彼女を突き飛ばす。タンスにあたり，倒れた上からのしかかってきて殴った。その時，彼女は思った。本当に怖かったけれど，掃除，洗濯，炊事は他の人でもできるが，この瞬間にこの子どものために率直に言ってやれることができるのは自分しかいない。彼女は涙を流し続けながら「あなたは間違っている，間違っている」と言い続けた。その子どもはついに根負けし「なんだ，このセンコー」といって部屋から出ていったが，しばらくしてから帰ってきてこう言った。「先生，本

第10章　望ましい社会福祉実践を目指して

当は自分は嬉しかった。先生だけが怖いだろうが命がけで注意してくれた。自分はそういう人を本当は待っていた」。

それからその高校生の生活態度が，がらっと変わったということである。

そういう実践や経験があるとわれわれは自分でもよくやったなと思う。人間は弱い存在なので，頑張ったなという気がするとだれかにほめてもらいたい気持ちがある。そういう中で人から感謝の気持ちをもらいたいと思う。その後もそうした子が施設を出て行ったら電話の一本ももらいたい。年賀状の一枚もほしいと思う。しかし，たったの一回もそういうことをしてくれないとなると，なんだ恩知らずがと思ってしまう。

しかし，ある施設職員が次のように言っていた。「あなた達にとって本当に大切なのはこれから先の厳しい人生を見つめて戦って生きていくことであり，後を振り返る余裕はないであろう。私のことは忘れてほしい」。

そこまで言い切るのが，プロというのであろう。恐らくプロというのは泣きごとを言わない人をいうのであろう。ここに自分はよくやったと「誇らない実践」がある。

騒々しくない実践

昭和初期の流行作家で早稲田大学文学の非常勤講師をした吉田絃二郎は「不幸な人間は一生不幸に生まれついているに違いない」と述べた（本書137ページ）。

筆者の知人の家庭の話である。

結婚後の最初の子どもが死産で，次の子どもが生まれた時様子がおかしく，診てもらったら重度の知的障害であることがわかった。絶望のどん底であった。しかし，健常な子どももほしいと恐る恐る三人目の子どもをつくった。健常児であった。一番下の赤ちゃんをおばあちゃんに預けて，二番目の知的障害の子を知的障害児通園施設に連れていっている間に，その一番下の子が風呂に落ちて死んでしまった。死産，障害児，事故死と重ねて起こったのである。お母さんは，人生そのものにシラケてしまった。なぜ私だけにこういうことがくり返

し起こるのかと。そして，その葬式の時である。いろんな人がやってきて慰めごとを言った。しかし，慰めごとはうるさいこともある。

　そして，人生のもう一つの真理というのは，時が解決してくれることである。決して忘れることはない，忘れることはないけれど，しかし，痛みが時とともに和らいで行く（これを時薬という）。さらに，生きていくためには，とにかく立ち直らなければ生きて行くことができない。でなければ精神が異常になるか，自殺するかである。

　時が経ち，そのお母さんがやや立ち直ったとき，次のように言った。「あの一番苦しい葬式の時に一番自分を支えてくれたのは，頑張りなさいよ，と言った友達ではなく，なにも言わないで私の側に座っていてただ泣いていてくれていた私の友達だった。」その人はたまたまソーシャルワーカーだった。

　これは心からの支えであり，騒々しくない実践である。ある意味で「何もしない実践」であり，その場に「立ち尽くす実践」である。しかし，根本的に人を支える実践である。手足ばたばた，心そわそわすることだけが実践ではない。

　社会福祉施設で走り回っていると，仕事をしているように見えることがある。このような時にお年寄りや障害児から「お話しがある」「話しがしたい」と言われて，その人の横に座っていると，他の職員が通りかかって「この忙しい時におしゃべりなんかしてないで，トイレの掃除でもすればいいのに」と言う。しかし，その利用者にとってその時が一番大切なときかもしれない。騒々しくない実践である。

さわやかな実践
　人の心に残るさわやかな実践とは何であろうか。

　　ある施設に行ったら，職員が別のある職員の話をしていた。「あの人はおっちょこちょいで物忘れはするけど，おもしろい良い人だった」。入所者の所に行ったら，またその職員の話しが出た。同じ人の名前を聞いたので，その人に会いたいと言うと，なんとその人はすでに退職をしていた。さらに聞いてみると働いていたのはたった一年であった。

第10章 望ましい社会福祉実践を目指して

　人生は短い，働いているときはさらに短い，相手に向かい合っているときはさらに短い，全身で相手に向かい合っている時はなお短い。
　施設職員がよく使う言葉は，利用者から何か言われても「ちょっと待ってね」「今忙しいからね」「ちょっとね，後でね」。そして後で決してやって来ない。
　その人は本当に向かい合っていた，そして，さわやかに実践して，さわやかに去って行った。こういう人ほど本当は長く勤めてほしいけれど人生はわからない。本人が病気になるか，家族が病気になるか，何が起こるかわからない。しかし働いている間は，さわやかな実践を行い，さわやかにに去って行った。残った人にさわやかな思い出が残った。
　筆者はある重症心身障害児施設にかかわってきた。その子ども達の中で，一番重いのは水頭症の子ども達だった。最重度の知的障害である。この子ども達の生きる意味があるだろうか，と職員は考える。毎日経管食で食事の世話をし，ただ排泄の世話をする。何の反応もほとんどない。働きかける意味があるのか。ならば職員として働いている意味があるのかと，つい，そう思う時もある。しかし，朝，様子を見ていると職員の人達はその子どもに働きかけて，優しく子どもの頭をなでながら「やあ，おはよう，元気？」と話しかける。
　人間の意味は何か，この子どもの生きる意味は何か，自分の仕事の意味は何か，と考えることはあるだろうけれども，根本的には人を支える仕事が暗いはずがない。人を支える仕事は根本的には明るい仕事だろうと思う。それが「さわやかな実践」である。

豊かな出会いの実践
　マザー・テレサが言った。「我々はろうそくのようなものだ，ろうそくは燃えて行き，だんだん細くなり最後に燃え尽きることによって回りを明るくし，暖かくする」。
　これはものすごい自己犠牲である。このような自己犠牲は，われわれ凡人にはできない。自分が消えて相手が暖かくなる。果たしてそんなことができるの

であろうか。

　筆者のクラスに難病のライ症候群の母親がいた。これはライ病のライでは無く，アスピリンを12歳位までの子どもが飲むと罹る高熱が出る難病である。アメリカ，日本で50例ずつ発表されている。ある時，自分の子どもが熱が出たのでアスピリンをやったら急激に熱が出て，病院に行って1週間，退院をしてきた時には最重度の知的障害であった。ついこの間までは喃語を喋り，つかまり立ちをしていたあのかわいい子どもが，動けない。母親はこれで自分の人生はおしまい，死のうと思った。何回もこの子どもを殺して死のうと思ったが，できなかった。

　ある日，今日こそは最後と思い，最後のお粥をたいた。夫が会社に，上の子は学校に行ってる間に，お母さんはぽろぽろと泣きながらその子どもの口にお粥を運びながら，「これを食べ終わったら一緒に死のうね」と言った。しかし，死ねなかった。そして，そのお母さんは大変強いお母さんになった。

　ところが残念なことに9歳7か月の時に子どもは亡くなってしまった。普通の子どもの4分の1の体重であった。その焼場に行った時の話しをしてくれた。「信じられないでしょうが骨が出てきた時に，その骨の回りが黄金色に輝いたのですよ。嘘ではありません。あの子どもが帰ってきてほしい，障害を持ったまま帰ってきてほしい。障害の無い子どもは可愛くない。」とまで言いきったお母さんであった。

　その戦いのプロセスを日記に書いていたので，それを本にするのを手伝った。そして千書房から本が出版された。そのお母さんはすでにその本の題名を自分で考えていた。私は驚いた。『今日は何を教えてくれるの』（千書房）という書名であった。その子どもは言う，お母さんは何も知らない。人生とは何か，人間とは何か，人間の悲しみとは何なのか知らないから私が教えてあげる。しかしそうした大上段の抽象的なことだけでなくて，毎日毎日，具体的に一つひとつ教えてくれるから『今日は何を教えてくれるの』という題名なのである。

　そういう美しい出会いがある。われわれはろうそくのように全部が消えて全

部が無くなってしまうのではなくて,自分がエゴイスティックな,つまらない人間であったとしても,相手が私に何かを与えてくれる,相手が私を豊かにしてくれる,と思うことがある。

こういう豊かな出会い,豊かな出会いの実践が社会福祉従事者と利用者・家族の間にはある。

3 立ち尽くす実践

これまでに述べてきた望ましい五つの実践に加えて,究極的な実践に触れておこう。それは「実践でない実践」つまり「何もしない実践」である。その用語はすでに前節で述べた。

社会福祉従事者が利用者の苦しみを想い,その「うめき」を感じる時に,何かをしたい,その痛みを軽くしたいと思うのは当然である。しかしいつも何かができるわけではない。

今,「できる」という語を使ったが,筆者にはこのことに関連して専門職のあり方を考える経験があった。

筆者の歯が痛くなったことがあった。そこで近所の歯医者に行った。その歯医者は優しく人格的な人であった。しかし歯痛は一向によくならない。そこで知人の紹介で他の歯医者に代わった。新しい歯医者は無口でこわそうな人であった。しかし痛みはピタリと止まった。

どんなに人格者であっても,歯の痛みを直せないのは歯医者ではない。同様にどんなに人格者であっても,いつも法廷で負けている弁護士は弁護士でない。専門の仕事が「できる」ことが必要である。ならば何ができなければソーシャルワーカーでないのか。

しかし,この問い「専門職には,何ができるか,できないか」に関して,ソーシャルワーカー,つまり社会福祉専門職には他の専門職と異なる点がある。他の専門職は,この「できる・できない」という基準(軸)を持っている。しかし社会福祉専門職はそれに加えて「見える・見えない」という軸を持ってい

第Ⅲ部　社会福祉とは何か

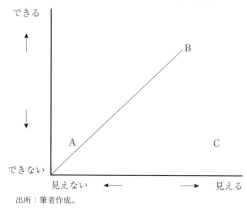

図10-3　社会福祉専門職の実践の独自性

出所：筆者作成。

るのである。

　この社会福祉専門職としての「できる・できない」を縦軸にとり，「見える・見えない」を横軸にとるならば，図10-3のような図が作成される。

　Aの位置にいるワーカーは未熟なワーカーである。願わくはBの位置にあって，良い仕事をしたいものである。しかし人生の重さの前に，見えていても，何もできないことだってある。それがCの位置にいるワーカーである。

　このCにいるワーカーがそれでもその厳粛な事実から逃げ出さないで，その場にとどまって心を共に痛め続けているならば，それは「何もしない実践」であり「立ち尽くす実践」である。

　専門職の実践にはそうしたことがあるのだと思う。

　願わくは問題解決が「できる」ことがいい。しかし社会福祉専門職の直面する人生上の問題には，次のように，そう簡単に解決できないものも含まれている。

　①　大阪府の南にある児童養護施設に一人の女子高校生が入所していた。その子の生んだ子が他の施設に入っている。その父親はその女子高生自身の実の親であった。女子高生の生んだ子は自分の子でもあるし，弟でもある。

　②　東京都のある社会福祉法人の施設にはある男性が入所している。その男は自分の娘を妊娠させ，その生まれた女の子が大きくなると，その孫娘も妊娠

させ，さらにそのひ孫娘が大きくなるとそのひ孫娘も妊娠させる。三重の近親相姦である。

　③　小説ではあるが，たとえば，身体の弱い実母が夫を引き止めようとして，手引きして実父の性的な相手をさせた女性の話がある（スティール（Steel, D.）『アクシデント』，『敵意』，小説でなくても，こうした実際の事例はある）。

　こうした時にソーシャルワーカーは事実を「あるがままに」受容し，そのクライエントに対し，「大変でしたね。あなたの苦しみがよく解ります」というのであろうか。そんなことは解る筈がない。そのような地獄の苦しみがそう簡単に理解できる筈がない。「あなたの味わった悲惨な経験を理解し，受け止めようとするけれども，あまりに凄すぎて理解が及びません」と正直に言った方が誠実である。

　あえて言ってみれば，たかが一人間であるソーシャルワーカーが，他人の人生の悲惨さの中で理解し受容できるものの範囲は極々限られたものであるにすぎない。ましてや何かの解決が「できる」などということは，できればよし，できないことの方が多いのであろう。しかし，何が問題で何が原因であるかは「見えている」必要がある。

　社会福祉は「人」を援助する。たしかに他の多くの専門職よりは，本当に相談に乗ってくれ，支えてくれたのは，ソーシャルワーカーであったという声を聞く。

　しかし一専門職が「人」の人生の，人間の途方もなく困難な問題の「援助」がいつもできるとは，とても思えない。ソーシャルワーカーは残念ながらそのような困難な問題の解決はできなくとも，その問題に社会福祉利用者と共に直面し，逃げ出さない姿勢が必要なのであろう。これが「立ち尽くす実践」(4)である。これは「何もしない（できない）実践」でもある。

　これは前述した「あなたと一緒にただ参りましょう」という「同行二人」（空海）の姿勢であろう。「立ち尽くす実践」は究極の実践である。

第Ⅲ部　社会福祉とは何か

注・引用文献
(1) 稲沢公一「援助者は『友人』たりうるか——援助関係の非対称性」古川孝順・岩崎晋也・稲沢公一・児島亜紀子『援助するということ——社会福祉実践を支える価値規範を問う』有斐閣，2002年，162ページ。また稲沢は，この援助関係は友人関係ではないことを論じている。同書，138-139ページ。
(2) 同前書，145ページ。
(3) 同前書，143-147ページ。
(4) 筆者はこの「立ち尽くす実践」という視点をずっと考えてきたが，これに関して次のような適切な表現を見つけた。
　「ただ呆然と立ちつくすだけではなく，圧倒的な現実や葛藤的な状況を前にして，なお人は，たとえどれほど些細なことに過ぎなくても，何かできることはないか，何とかする手だてはないかと自問し，知恵を絞っては試行を繰り返し，袋小路に陥ってはほかに教えを請い，まさに少しずつ，そして少しでもと，よりよい援助のあり様を求めて模索し続けてきたのであった」。同前書，190ページ。

初出一覧

　本書の次の章や節は，下記の文献を基礎に**加筆・修正**して**再掲**したものである。

　それ以外の章・節は本書への書き下ろしである。

【第2章】

第4節一つ目の小見出し「利他主義」：秋山智久『社会福祉実践論（改訂版）』，ミネルヴァ書房，2005年，348ページ以下。

第6節：秋山智久「人間福祉の実践思想」秋山智久・平塚良子・横山穰『人間福祉の哲学』ミネルヴァ書房，2004年，20-21ページ。

【第3章】

第1節：秋山智久『社会福祉実践論（改訂版）』ミネルヴァ書房，2005年，10-11ページ。

第2節一つ目の小見出し「人間尊重（生命尊重）」：秋山智久「人間尊重と生命尊重」秋山智久・平塚良子・横山穰『人間福祉の哲学』ミネルヴァ書房，2004年，49-50ページ。

【第4章】

第5節：秋山智久「社会福祉実践と愛――「人」に働きかける愛とは何か」日本キリスト教社会福祉学会『キリスト教社会福祉学研究』第42号，2010年，62ページ以下。

【第5章】

第1節～第3節：秋山智久「社会福祉と宗教――実践の一つの源泉」昭和女子大学『学苑』（人間社会学部紀要）832号，2000年，66-77ページ。

第4節：秋山智久「宗教多元主義における社会福祉の位置と内容」日本キリスト教社会福祉学会『キリスト教社会福祉学研究』第47号，2015年，59-67ページ。

【第6章】

第1節：秋山智久『社会福祉実践論（改訂版）』ミネルヴァ書房，2005年，2ページ。

第2節：同前書，第14章，336ページ以下。

第2節・第3節：同前書，第1章。

【第7章】

秋山智久『社会福祉実践論──方法原理・専門職・価値観』（改訂版）ミネルヴァ書房　2005年，第3章，64ページ以下。

【第8章】

秋山智久「人間の苦悩と人生の意味──社会福祉哲学の根本問題」昭和女子大学『学苑』（人間福祉学部紀要）844号，2011年，45-59ページ。

【第9章】

第1節：秋山智久「社会福祉哲学の必要性」秋山智久・井岡勉・岡本民夫・黒木保博・同志社大学社会福祉学会編『社会福祉の思想・理論と今日的課題』筒井書房，2004年，334ページ以下。

【第10章】

第1節：秋山智久「共生の思想──『共に』ありうるか」秋山智久・平塚良子・横山穰『人間福祉の哲学』ミネルヴァ書房，2004年，25-28ページ。

第2節：秋山智久「望ましい人間福祉実践」同前書，31ページ以下。

参考文献

＊各章引用・参考順。
＊各章毎の出典順であるので重複する文献がある。

【第1章】

ピンカー，S.／山下篤子訳『人間の本性を考える——心は「空白の石版」か（上）』NHKブックス，2004年。

マルサス，T. R.／高野岩三郎・大内兵衛訳『人口の原理』岩波書店，1935年。

アレグザンダー，R.／山根正気・牧野俊一訳『ダーウィニズムと人間の問題』思索社，1988年。

小田亮『利他学』新潮社，2011年。

NHKアーカイブス「NHK映像ファイルあの人に会いたい 西江雅之（言語学者，文化人類学者）」2015年11月28日。

クロポトキン，P.／大杉栄訳『相互扶助論』同時代社，1996年。

秋山智久「人間福祉の実践思想」秋山智久・平塚良子・横山穣『人間福祉の哲学』ミネルヴァ書房，2004年。

神坂次郎『縛られた巨人——南方熊楠の生涯』新潮社，1987年。

カヴァリエリ，P.，シンガー，P.編／山内友三郎・西田利貞監訳『大型類人猿の権利宣言』昭和堂，2001年。

ダイアモンド，J.／長谷川真理子・長谷川寿一訳『人間はどこまでチンパンジーか？——人類進化の栄光と翳り』新曜社，1993年。

NHK・BS「ワールドライフ」2015年4月13日。

クロポトキン，P.／大窪一志訳『相互扶助再論——助け合う生命・助け合う社会』同時代社，2012年。

ピンカー，S.／山下篤子訳『人間の本性を考える——心は「空白の石版」か（中）』NHKブックス，2004年。

清水隆則『ソーシャルワーカー論研究――人間論的考察』川島書店，2012年。

「地球と生命――46億年をさかのぼる旅」『Newton ニュートン』2017年7月号，ニュートンプレス。

有田秀穂『共感する脳』PHP新書，2009年。

茂木健一郎『化粧する脳』集英社新書，2009年。

開一夫・長谷川寿一編『ソーシャルブレインズ――自己と他者を認知する脳』東京大学出版部，2009年。

デネット，D. C.／山口泰司監訳『ダーウィンの危険な思想――生命の意味と進化』青土社，2001年。

シャイン，E. H.／金井真弓訳／金井壽宏監訳『人を助けるとはどういうことか』英治出版，2009年。

藤井直敬『ソーシャルブレインズ入門――〈社会脳〉って何だろう』講談社現代新書，2010年。

ヴァール，F. B. M. de／柴田裕之訳『道徳性の起源――ボノボが教えてくれること』紀伊國屋書店，2014年。

【第2章】

秋山智久『社会福祉実践論――方法原理・専門職・価値観』（改訂版）ミネルヴァ書房，2005年。

秋山智久「米国の公的扶助における惰民観の構造」『社会保障研究』Vol. 8, No. 1, 1972年。

秋山智久「米国の公的扶助における人間観の相克――ニューバーグ事件をめぐって」『四国学院大学論集』第16号，1969年。

ピンカー，S.／山下篤子訳『人間の本性を考える――心は「空白の石版」か（上）』NHKブックス，2004年。

ピンカー，S.／山下篤子訳『人間の本性を考える――心は「空白の石版」か（中）』NHKブックス，2004年。

小林里次『J. S. ミル研究――平等財政原則とその理論的展開』高文堂出版，

1992年。
レヴィン，K./相良守次・小川隆訳『パーソナリティの力学説』岩波書店，1957年。
ラッセル，B./安藤貞雄訳『ラッセル幸福論』岩波文庫，1991年。
小田亮『利他学』新潮社，2011年。
ドーキンス，R./日高敏隆・岸由二・羽田節子・垂水雄二訳『利己的な遺伝子』紀伊国屋書店，1994年。
セネカ，L. A./茂手木元蔵訳『人生の短さについて』岩波文庫，1980年。
清水隆則『ソーシャルワーカー論研究——人間論的考察』川島書店，2012年。
秋山智久・平塚良子・横山穣『人間福祉の哲学』ミネルヴァ書房，2004年。
稲葉圭信『利他主義と宗教』弘文堂，2011年。
ニーバー，R./高橋義文・西川淑子訳『ソーシャルワークを支える宗教の視点——その意義と課題』聖学院大学出版会，2010年。
高野清純『愛他心の発達心理学』有斐閣，1982年。
中村陽吉・高木修編著『「他者を助ける行動」の心理学』光生館，1987年。

【第3章】
秋山智久・平塚良子・横山穣『人間福祉の哲学』ミネルヴァ書房，2004年。
小田亮『利他学』新潮社，2011年。
古川孝順・岩崎晋也・稲沢公一・児島亜紀子『援助するということ——社会福祉実践を支える価値規範を問う』有斐閣，2002年。
池本美和子『日本における社会事業の形成——内務行政と連帯思想をめぐって』法律文化社，1999年。
林信明『フランス社会事業史研究——慈善から博愛へ，友愛から社会連帯へ』ミネルヴァ書房，1999年。
木全和巳「2011年改正『障害者基本法』における「社会連帯の理念」の削除について」『日本福祉大学社会福祉論集』第126号，2012年。
オルポート，G. W./原谷達夫・野村昭訳『偏見の心理』培風館，1968年。

秋山智久『社会福祉実践論——方法原理・専門職・価値観』（改訂版）ミネルヴァ書房，2005年．

本多勝一『殺される側の論理』朝日新聞社，1982年．

清水隆則『ソーシャルワーカー論研究——人間論的考察』川島書店，2012年．

務台理作『現代のヒューマニズム』岩波新書，1961年．

クロポトキン，P.／大杉栄訳『相互扶助論』同時代社，1996年．

堤未果『貧困大国アメリカ』岩波新書，2013年．

秋山智久「なぜ人を助けなければならないのか」大阪市立大学生活科学部出版編集委員会『生活科学最前線の90のトピック』中央法規出版，1999年．

孝橋正一『続社会事業の基本問題』ミネルヴァ書房，1973年．

【第4章】

秋山智久『社会福祉実践論——方法原理・専門職・価値観』（改訂版），ミネルヴァ書房，2005年．

山室軍平『社会事業家の要性』中央社会事業協会，1925年．

リーマー，F.／秋山智久監訳『ソーシャルワークの価値と倫理』中央法規出版，2001年．

ウェーバー，M.／尾高邦雄訳『職業としての学問』岩波書店，1951年．

秋山智久「力動的統合の視点：社会科学と人間行動科学」井垣章二・小倉襄二・加藤博史・住谷磐・同志社大学社会福祉学会編『社会福祉の先駆者たち』筒井書房，2004年．

嶋田啓一郎『社会福祉体系論——力動的統合理論への途』ミネルヴァ書房，1980年．

秋山智久『社会福祉専門職の研究』ミネルヴァ書房，2007年．

金泰明『欲望としての他者救済』日本放送出版協会，2008年．

秋山智久・平塚良子・横山穣『人間福祉の哲学』ミネルヴァ書房，2004年．

リンドバーク，C.／佐々木勝彦・濱崎雅孝訳『愛の思想史』教文館，2011年．

五木寛之『愛について——人間に関する12章』角川文庫，2004年．

秋山智久・井岡勉・岡本民夫・黒木保博・同志社大学社会福祉学会編『社会福祉の思想・理論と今日的課題』筒井書房，2004年。

孝橋正一『続社会事業の基本問題』ミネルヴァ書房，1973年。

ペック，S.／氏原寛・矢野隆子訳『愛と心理療法』創元社，1987年。

フロム，E.／鈴木晶訳『愛するということ』（新訳版）紀伊國屋書店，1991年。

ラッセル，B.／安藤貞雄訳『ラッセル幸福論』岩波文庫，1991年。

ヒルティ，C.／草間平作訳『幸福論』岩波文庫，1961年。

ひろさちや『愛の研究』新潮社，2002年。

塩尻和子監修／青柳かおる『イスラーム』日本文芸社，2007年。

ハミードッ＝ラー，M.／黒田美代子訳『イスラーム概説』書肆心水，2005年。

塩尻和子『イスラームの人間観・世界観――宗教思想の深淵へ』筑波大学出版会，2008年。

秋山智久「社会福祉実践におけるプロテスタントと浄土真宗の近似性――他者への関わり救済の視点より」『キリスト教社会福祉学研究』第39号，2007年。

阿部志郎『福祉の哲学』（改訂版）誠信書房，2008年。

セネカ，L. A.／茂手木元蔵訳『人生の短さについて』岩波文庫，1980年。

谷口龍男『出会いの哲学』北樹出版，1978年。

芹沢光治良『レマン湖のほとり』新潮社，1975年。

バートレット，H. M.／小松源助訳『社会福祉実践の共通基盤』ミネルヴァ書房，1978年。

パウロ・ティリッヒ，P.／松井二郎訳「ソーシャルワークの哲学」『基督教社会福祉学研究』第14号，1981年。

Ragg, H. M., *People not Cases : A Philosophical Approach to Social Work*, Routledge & Kegan, 1977.

加藤博史『社会福祉の定義と価値の展開』ミネルヴァ書房，2013年。

【第 5 章】

秋山智久「社会福祉と宗教——実践の一つの源泉」昭和女子大学『学苑』No. 832，2010年。

阿満利麿『仏教と日本人』ちくま書房，2007年。

阿満利麿『日本人はなぜ無宗教なのか』ちくま書房，1996年。

島田裕巳『日本の10大新宗教』幻冬舎新書，2007年。

上原英正『福祉思想と宗教思想——人間論的考察』学文社，1995年。

バールト，H. M.，パイ，M.／箕浦恵了編『仏教とキリスト教との対話——浄土真宗と福音主義神学』法蔵館，2000年。

秋山智久「社会福祉実践におけるプロテスタントと浄土真宗の近似性——他者の関わりと救済の視点より」『キリスト教社会福祉学研究』39号，2006年。

吉田絃二郎『人間苦』新潮社，1920年。

岡村重夫『社会福祉学（総論）』柴田書店，1959年。

三宅敬誠『宗教と社会福祉の思想』東方出版，1999年。

岡村重夫『社会福祉原論』全社協，1983年。

丸山眞男『増補版 現代政治の思想と行動』未来社，1964年。

法学協会編『註解日本国憲法』有斐閣，1974年。

「宗教間分断 過激派生む」『読売新聞』2014年1月22日。

塩尻和子監修／青柳かおる『イスラーム』日本文芸社，2007年。

塩尻和子『イスラームの人間観・世界観——宗教思想の深淵へ』筑波大学出版会，2008年。

ハミードッ=ラー，M.／黒田美代子訳『イスラーム概説』書肆心水，2005年。

日本基督教社会福祉学会調査研究委員会（委員長・秋山智久）『現代のキリスト教社会福祉——意義・現状・課題（全国調査報告書）』1997年6月。

ヒック，J.／間瀬啓充訳『神は多くの名前を持つ』岩波書店，1986年（原著：God Has Many Names, 1980）。

小原克博「宗教多元主義モデルに対する批判的考察——『排他主義』と『包括主義』の再考」『基督教研究』第69巻第2号，2007年。

ヒック，J.／間瀬啓充・稲垣久和訳『宗教の哲学』勁草書房，1994年。
秋山智久「社会福祉実践と愛――『人』に働きかける愛とはなにか」『キリスト教社会福祉研究』第42号，2012年。
阿部志郎『「キリスト教と社会福祉」の戦後』海声社，2001年。
八木誠一他編著『仏教とキリスト教――滝沢克己との対話を求めて』三一書房，1981年。
上原英正『福祉思想と宗教思想――人間論的考察』学文社，1995年。
吉田久一『社会福祉と日本の宗教思想――仏教・儒教・キリスト教の福祉思想』勁草書房，2000年。
阿部志郎「ボランティア活動の思想的基盤と今日の課題」『公衆衛生』第42巻，第466号別冊，医学書院，1978年。
吉田久一『社会福祉と日本の宗教思想――仏教・儒教・キリスト教の福祉思想』勁草書房，2000年。
ひろさちや『愛の研究』新潮選書，2002年。
長谷川匡俊『宗教福祉論』医歯薬出版，2002年。
滝沢克己『仏教とキリスト教』法蔵館，1964年。
中垣昌美『仏教社会福祉論考』法蔵館，1999年。
森永松信『社会福祉と仏教』誠信書房，1975年。
日本仏教社会福祉学会編『仏教社会福祉辞典』法蔵館，2006年。
廣松渉他編『岩波哲学・思想事典』岩波書店，1998年。

【第6章】

秋山智久『社会福祉実践論――方法原理・専門職・価値観』（改訂版）ミネルヴァ書房，2005年。
嶋田啓一郎『社会福祉体系論』ミネルヴァ書房，1980年。
大塚達雄・阿部志郎・秋山智久編『社会福祉実践の思想』ミネルヴァ書房，1989年。
ラッセル，B.／安藤貞雄訳『ラッセル幸福論』岩波文庫，1991年。

ヒルティ，C.／草間平作訳『幸福論』（第1部）岩波文庫，1961年改版．

ショーペンハウアー，A.／橋本文夫訳『幸福について――人生論』新潮文庫，1973年改版．

ガルトゥング，J.「『積極的平和』の真意」『朝日新聞』2015年8月26日．

岡本三夫「平和と社会福祉」『社会福祉研究』第20号，1977年．

秋山智久「『社会福祉哲学』試論――平和・人権の希求と社会福祉的人間観」『社会福祉研究』30号記念特大号，鉄道弘済会，1982年．

加藤博史『社会福祉の定義と価値の展開』ミネルヴァ書房，2013年．

【第7章】

大谷嘉朗・杉本一義・井上肇『養護原理――原理論・方法論・施設論』啓林館，1975年．

コノプカ，G.／前田ケイ訳『ソーシャル・ワーク・グループワーク――援助の過程』全国社会福祉協議会，1967年．

バイステック，F. P.／田代不二男・村越芳男訳『ケースワークの原則』誠信書房，1965年．

Garvin, C. D., Glasser, P. H. "Social Group Work: The Preventive and Rehabilitative Approach", *Encyclopedia of Social Work*, 16, NASW, 1971.

秋山智久「ソーシャル・グループワークの新しい方向――米国における五つのモデルを中心に」『ソーシャルワーク研究』Vol. 1，No. 4，1975年．

秋山智久「倫理綱領」，仲村優一編『ケースワーク教室』有斐閣，1980年．

Etzioni, A. ed., *The Semi-Professions and Their Organization: Teachers, Nurses, Social Workers*, The Free Press, 1969.

フロム，E.／阪本健二・志貴春彦訳『疑惑と行動――マルクスとフロイトとわたくし』創元新書，1965年．

Marchan, T. R., *The Pseudo-Science of B. F. Skinner*, Arlington House Publishers, 1974.

参考文献

秦安雄「文化とパーソナリティ」近藤貞次監修『社会心理学概論』朝倉書店，1968年。

棚橋襄爾「文化の定義」，岸本英夫他編『文化の心理』中山書店，1959年。

鶴見俊輔『日常的思想の可能性』筑摩書房，1967年。

コノプカ，G./福田垂穂訳『収容施設のグループワーク——新しい挑戦』日本YMCA同盟出版部，1967年。

Glasser, P., R. Sarri, R. Vinter, *Individual Change through Small Group*, 1974.

レヴィン，K./相良守次・小川隆訳『パーソナリティの力学説』岩波書店，1957年。

トール，C./村越芳男訳『公的扶助ケースワークの理論と実際——人間に共通な欲求』全国社会福祉協議会，1966年。

秋山智久『社会福祉実践論——方法原理・専門職・価値観』（改訂版）ミネルヴァ書房，2005年。

Kahn, A., *Issues in American Social Work*, Columbia University Press, 1958.

UNESCO, The Concept of Basic Needs and of Endogenous Development in Relation to the New International Economic Order, mimeographed, 1978.

岡村重夫『社会福祉学（総論）』柴田書店，1958年。

大塚久雄『生活の貧しさと心の貧しさ』みすず書房，1978年。

スクリヴン，M.「人間行動の予測不可能性」クワイン，W. V./大出晁・坂本百大監訳『現代の科学哲学』誠信書房，1967年。

大山正也編『心理学小辞典』有斐閣，1978年。

グリュック，S.，エレノア・グリュック『少年非行の解明』（補訂版）法務大臣官房司法法制調査部，1951年。

ベネディクト，R./米山俊直訳『文化の型』社会思想社，1973年。

宮本倫好『アメリカの"内なる国境"』サンケイ出版，1979年。

孝橋正一『全訂 社会事業の基本問題』ミネルヴァ書房，1962年。

一番ケ瀬康子『アメリカ社会福祉発達史』光生館，1963年。

社会福祉研究所編『占領期における社会福祉資料に関する研究報告書』1978年。

秋山智久「米国における社会福祉専門職の現状と課題——非専門職化の流れの中で」『社会福祉研究』第17号，1975年。

Richan, W. C. and A. R. Mendelsohn, *Social Work : The Unloved Profession*, New Viewpoints, 1973.

Leonard, P. "Towards a Paradigm for Radical Practice", Bailey, R. and M. Brake ed., *Radical Social Work*, Edward Arnold, 1975.

嶋田啓一郎『社会福祉体系論』ミネルヴァ書房，1980年。

Friedlander, A. et al., *Concepts and Method of Social Work*, 1958.

岡田藤太郎『現代社会福祉学入門』黎明書房，1968年。

プラント，R.／丸木恵祐・加茂陽訳『ケースワークの思想』世界思想社，1980年。

Briar, S. and H. Miller, *Problems and Issues in Social Casework*, Columbia University Press, 1971.

Konopka, G. *Eduard C. Lindeman and Social Work Philosophy*, The University of Minnesota Press, 1958.

McDermott, F. E. ed., *Self-Determination in Social Work*, Routledge and Kegan Paul, 1975.

空閑浩人『ソーシャルワークにおける「生活場モデル」の構築——日本人の生活文化に根ざした社会福祉援助』ミネルヴァ書房，2014年。

石河久美子『多文化ソーシャルワークの理論と実践——外国人支援者に求められるスキルと役割』明石書店，2012年。

【第8章】

竹内一郎『人は見た目が9割』新潮新書，2005年。

小田亮『利他学』新潮社，2011年。

中島義道『差別感情の哲学』講談社，2009年。
―――――『人生に生きる意味はない』新潮社，2009年。
―――――『働くことがイヤな人のための本』日本経済新聞出版社，2010年。
―――――『きみはなぜ生きているのか？』偕成社，2010年。
―――――『善人ほど悪い奴はいない』角川書店，2010年。
秋山智久「社会福祉実践と愛――『人』に働きかける愛とは何か」『キリスト教社会福祉学研究』第42号，2010年。
吉田絃二郎『人間苦』新潮社，1920年。
―――――『小鳥の来る日』新潮文庫，1957年。
秋山智久「社会福祉実践の視点からの『幸福論』」『社会福祉実践論――方法原理・専門職・価値観』（改訂版）ミネルヴァ書房，2005年。
岩本祐『日本仏教語辞典』平凡社，1988年。
大木健『シモーヌ・ヴェイユの不幸論』勁草書房，1969年。
金泰明『欲望としての他者救済』NHKブックス，2008年。
ヴェーユ，S.／渡辺秀訳『神を待ちのぞむ』（新版）春秋社，2009年。
中島義道『不幸論』PHP新書，2002年。
―――――『愛という試練――マイナスのナルシスの告白』紀伊國屋書店，2003年。
ラッセル，B. A. W.／安藤貞雄訳『ラッセル幸福論』岩波文庫，1991年。
フランクル，V. E.／山田邦男・松田美佳訳『宿命を超えて，自己を超えて』春秋社，1997年。
―――――／霜山徳爾訳『夜と霧』みすず書房，1985年。
―――――／霜山徳爾訳『愛と死――実存分析入門』みすず書房，1983年。
―――――／諸富祥彦監訳『「生きる意味」を求めて』春秋社，1999年。
―――――／山田邦男監訳『意味への意志』春秋社，2002年。
―――――／山田邦男・松田美佳訳『それでも人生にイエスという』春秋社，1993年。
小林秀雄『モオツァルト・無常という事』新潮文庫，1961年。

山折哲雄『無常という名の病――受け継がれる魂の遺伝子』サンガ新書，2008年。

小畠郁生監修『進化論の不思議と謎』日本文芸社，1998年。

NHKスペシャル取材班『女と男――最新科学が解き明かす「性」の謎』角川文庫，2011年。

阪本勝『流氷の記――わが生の思索と実践』朝日新聞社，1969年。

チェーホフ／中村白葉訳「灯火」『チェーホフ選集 第1巻』小山書店，1949年。

太宰治「葉」『晩年』砂子屋書房，1936年。

リンドバーグ，C.／佐々木勝彦・濱崎雅孝訳『愛の思想史』教文館，2011年。

セネカ，L. A.／茂手木元蔵訳『人生の短さについて』岩波文庫，1980年。

神谷美恵子『人間をみつめて』（神谷美恵子著作集2），みすず書房，1980年。

俵万智『サラダ記念日』河出文庫，1989年。

倉田百三『法然と親鸞の信仰（下）』講談社学術文庫，1977年。

秋山智久「社会福祉実践におけるプロテスタントと浄土真宗の近似性――他者との関わりと救済に視点より」『キリスト教社会福祉学研究』第39号，2007年。

NHK「アインシュタイン・ロマン――プロローグ 知の冒険」1991年4月26日。

秋山智久・平塚良子・横山穰『人間福祉の哲学』ミネルヴァ書房，2004年。

【第9章】

Hunt, L. "Social Work and Ideology", Noel Timms and David Watson edited, *Philosophy in Social Work*, 1978.

秋山智久「『社会福祉哲学』試論――平和・人権の希求と社会福祉的人間観の確立」『社会福祉研究』第30号記念特大号，1982年。

秋山智久・井岡勉・岡本民夫・黒木保博・同志社大学社会福祉学会『社会福祉の思想・理論と今日的課題』2004年。

嶋田啓一郎「社会福祉における価値と方法論」仲村優一・秋山智久他編『社会福祉方法論講座I 基本的枠組』誠信書房，1981年。

参考文献

バートレット，H.／小松源助訳『社会福祉の共通基盤』ミネルヴァ書房，1978年。

秋山智久「福祉援助者の倫理と心構え」『NHK社会福祉セミナー』10-12月号，2002年。

─── 『社会福祉実践論』（改訂版）ミネルヴァ書房，2005年。

加藤博史『福祉哲学──人権・生活世界・非暴力の統合思想』晃洋書房，2008年。

─── 『共生原論──死の質・罪の赦し・可傷性からの問い』晃洋書房，2011年。

中村剛『福祉哲学の構想──福祉の思考空間を切り拓く』みらい社，2009年。

─── 『福祉哲学の継承と再生──社会福祉の経験をいま問い直す』ミネルヴァ書房，2014年。

鷲田清一『哲学の使い方』岩波新書，2014年。

アリストテレス／高田三郎訳『ニコマコス倫理学（上）』岩波文庫，1971年。

マスロー，A. H.／上田吉一訳『完全なる人間──魂のめざすもの』誠信書房，1998年。

ウェーバー，M.／尾高邦男訳『職業としての学問』岩波書店，1951年。

ギャラファー，H. G.／長瀬修訳『ナチスドイツと障害者「安楽死」計画』現代書館，1996年。

マルゲリッジ，M.／沢田和夫訳『マザーテレサ』女子パウロ会，1976年。

ティリッヒ，P.／松井二郎訳「ソーシャル・ワークの哲学」『基督教社会福祉学研究』第14号，1981年。

狭間香代子『社会福祉の援助観──ストレングス視点・社会構成主義・エンパワメント』筒井書房，2001年。

新井愛子『障害者福祉の援助観──自己実現を支える関係性』筒井書房，2010年。

石井次郎「福祉の哲学」牛島義友編『福祉の哲学と技術』慶応通信，1980年。

糸賀一雄『福祉の思想』NHKブックス，1968年。

【第10章】

秋山智久・平塚良子・横山穣『人間福祉の哲学』ミネルヴァ書房，2004年。

秋山智久『社会福祉実践論——方法原理・専門職・価値観』（改訂版），ミネルヴァ書房，2005年。

稲沢公一「援助者は『友人』たりうるか——援助関係の非対称性」古川孝順・岩崎晋也・稲沢公一・児島亜紀子『援助するということ——社会福祉実践を支える価値規範を問う』有斐閣，2002年。

あとがき——「助ける」ことができるのか

　本書の副題は「なぜ『人』を助けるのか」であった。しかし，書を閉じるに当たって，このテーマを再度，吟味しなければならない。
　それは，エゴイスティックな自分が，差別的な自分が，弱い自分が，逃げ出すかも知れない自分が，「人」を助けることができるのか，という根本的な問題である。
　それは自らの社会福祉の実践と研究の姿勢を問うことでもある。このことを次の諸点から考えてみたい。

実学としての社会福祉学と有用性
　社会福祉学は実学である。それは，単なる観察や調査や分析ではない，社会と「人」のために役立つ，という責任が社会福祉学にあることを意味する。つまり，社会福祉学は解釈のための空論や抽象論ではない。なぜなら，そこに，目の前に「苦しんでいる人がいる」からである。
　「無為」の学問，「不急・不要の学問をする喜び」（上野千鶴子『サヨナラ学校化社会』太郎次郎エディタス，2002年）が，解らないではない。その気分に乗りたい自分もある。しかし社会福祉学は，そこに留まっているわけにはいかない。
　そこでは，経済的な豊かさを目指してとか，権力への志向とか，有名になるための試み（「有名病」鶴見俊輔）だとかいうことに役に立つ学問とは異なった，真の意味での「有用性」が問われている。

「人間苦」の存在，「生きる」ことの意味の探求
　社会福祉研究は，現実の直面する課題：なぜ，「人」は苦しんでいるのか，人生における苦しみの意義はあるのか，その不幸の原因は何なのか（第8章），

その対策・援助をいかにするのか（第3章第4節）を考える。そこでは，そうした人間の苦悩である人間苦と共に，「社会苦」（社会悪）の原因を見つめなければならない。

「視るべきものをしっかりと視て，視た者の責任の分担として，それが"計画の思想"となる」（小倉襄二『福祉の深層』法律文化社，1996年）という。氏は，ナチスのテレジンシュタット強制収容所（プラハ郊外：筆者も後を追って見学）を視てそう想った。実践者・研究者が目をつむってはいけない社会悪——。まともな社会福祉関係者は，怒らなければならない。

しかし，苦しんでいる人に向かい合う実践者・研究者自身の苦しみや弱さがそこに露呈される。あるソーシャルワーカーが言った，「なぜ，こんなに苦しい世界で働くことになったのか」。しかし，「この仕事を辞められない」という。

「共に有りうるのか」

社会福祉の実践や研究は，「共感する」「援助する」「助ける」ことの作業ではあるが，それを実践する者，研究している者自身に，本当にそれができるのであろうか。

「寄り添う」という綺麗な言葉を言うものの，「嫌になり」「逃げ出す」のではないか。

社会福祉の歴史の中で，実際に確かに示された他者を「愛する」という隣人愛が，自分にはあるのであろうか。

本田哲郎神父（愛隣地区の元社会福祉法人ふるさとの家施設長）は，「自分を愛するようにあなたの隣り人を愛しなさい」（ルカ10：27）という聖書に言葉に対して，そのように「愛することはできない」ので，隣人を「大切にする」と解釈することにしたと言う。

そこに「共生への漸近線」（本書第10章第1節）が生じる。差別的で弱い自分，エゴイスティックな自分に突き付けられた「共に生き得るのか」という問い——。そこには「共に有りえない者が，共に有りたいと願い続ける姿勢」しかない。そこには，自分の「内なる差別」から，嫌い，避けたいと思ってきた

あとがき

「人」に対して，「痛み」を感じ，「赦し」を請う姿勢が生じる。

「できること」と「見える」こと

しかし，弱さを自覚することにのめり込んで，「どうせ弱い自分，エゴイスティックな自分にはできないのだ」と，できない自分に感傷的に陥っていることなく，心を振い立たせて闘わねばならないだろう。我々は「できない自分」「愛せない自分」が，それでも立ち上がらなければならないという矛盾の葛藤の中にいる。

筆者の青春の愛読書であった吉川英治の名作『宮本武蔵』の中で，絶壁にとりついた武蔵は「登ることもできない，降りることもできない」自分を見つめる。筆者はこれを「宙ぶらりんの思想」と名付けている。人生において，判断や決心のつかない時の内面の忠実な姿である。しかし「愛は登るべき山である」(リンドバーグ，C.／佐々木他訳『愛の思想史』教文館，2011年)。

「ロベレ将軍」（イタリア映画・1959年ヴェネツィア国際映画祭の金獅子賞）の中で，ナチスの傀儡・独裁政権によって投獄された無実の囚人が言う，「私は何もしていないのに」。しかし，「何もしなかったから，今の状況があるのではないか」と諭される。

相手の苦しみの重さと，「何もできない」自分の弱さとの間で立ち往生する自分がいる，しかし，そこには「何もできないかも知れないけど，わずかなりとも一緒に参りましょう」という立ち尽くす実践（本書第10章第3節）が有るかも知れない。

なぜ，「人」を助けるのか，助け合うのか，しかし，助けられないのか——。そこに視た自分の弱さ，力の無さ，エゴイズム——。

それを乗り越えて進まなければならない「きつさ」——それをじっと見つめる一助として，本書が役立つならば，まことに幸いと言わねばならない。

秋山　智久

人名索引

あ 行

阿部志郎　*152*
アレクザンダー（Alexander, R. D.）　*7*
石井十次　*66*
石井次郎　*176*
一番ケ瀬康子　*129*
糸賀一雄　*176*
ヴェイユ（Weil, S.）　*141*
ウェーバー（Weber, M.）　*58*
エツィオーニ（Etzioni, A.）　*124*
尾﨑放哉　*75, 152*
オルポート（Allport, G. W.）　*42*

か 行

カーン（Kahn, A.）　*125*
加藤博史　*177*
神谷美恵子　*152, 181*
カント（Kant, I.）　*74, 174*
クロトポキン（Kropotkin, P. A.）　*9, 47*
孝橋正一　*40, 65, 129*
コノプカ（Konopka, G.）　*59, 105, 114, 119, 165*
コルベ神父（Kolbe, M. M.）　*75, 81*

さ 行

シェイクスピア（Shakespeare, W.）　*64*
嶋田啓一郎　*57, 164*
シュヴァイツアー（Schweitzer, A.）　*149*
ショウペンハウアー（Schopenhauer, A.）　*140*
親鸞　*156*
スペンサー（Spencer, H.）　*5*
スミス（Smith, W. E.）　*182*
セネカ（Seneca, L. A.）　*25, 76, 151*

善導大師　*18, 67*

た 行

ダーウィン（Darwin, C. R.）　*3*
ダーレンドルフ（Dahrendorf, R.）　*57*
ダライ・ラマ14世　*153*
チャルマース（Chalmars, T.）　*87*
ティリッヒ（Tillich, P. J.）　*175*
デカルト（Descartes, R.）　*66*
ドーキンス（Dawkins, R.）　*22, 69, 84*
富永仲基　*96*
トリヴァース（Trivers, R. L.）　*9, 28, 37*

な 行

中島義道　*137, 142, 145*
中村剛　*177*
ニーチェ（Nietzsche, F. W.）　*84, 155*
ニーバー（Niebuhr, R.）　*29*

は 行

バートレット（Bartlett, H. M.）　*165*
バールト（Barth, H.-M.）　*83, 155*
バイステック（Biestek, F. P.）　*121*
八浜德三郎　*24*
ヒック（Hick, J.）　*97*
ヒルティ（Hilty, C.）　*68, 113*
ピンカー（Pinker, S. A.）　*22*
ブース（Booth, C.）　*38*
ブーバー（Buber, M.）　*181*
フォイエルバッハ（Feuerbach, L. A.）　*155*
プラトン（Plato）　*86*
フランクル（Franki, V. E.）　*142, 146–150, 152, 153, 155*
古川孝順　*40*

211

ブルンナー（Brunner, E.）　*64, 95*
フロム（Fromm, E. S.）　*25, 61, 65, 83*
ペック（Peck, M. S.）　*25, 65, 67, 149*
ベネディクト（Benedict, R.）　*18*
ヘミングウェイ（Hemingway, E. M.）　*150*
ベンサム（Bentham, J.）　*168*
本田哲郎　*208*

ま行

マザー・テレサ（Mather Teresa）　*62, 140, 142, 143, 175, 185*
マズロー（Maslow, A. H.）　*168*
マルクス（Marx, K. H.）　*141*
マルサス（Malthus, T. R.）　*5*
丸山眞男　*90*
三浦綾子　*27, 75*
三宅敬誠　*86*
宮沢賢治　*74*

ミル（Mill, J. S.）　*169*

や・ら行

山室軍平　*56, 59*
ラウントリー（Rowatree, B. S.）　*38*
ラッグ（Ragg, N.）　*131*
ラッセル（Russell, B. A. W.）　*23, 68, 168*
リッチモンド（Richmond, M.）　*85, 105*
リルケ（Rilke, R. M.）　*150*
リンデマン（Lindeman, E. C.）　*165*
ルソー（Rousseau, J. J.）　*39, 62, 77*
レヴィ＝ストロース（Lévi-strauss, C.）　*145*
レヴィン（Lewin, K. Z.）　*23, 124*
蓮如　*144*
ロジャース（Rogers, C. R.）　*181*
ロック（Locke, J.）　*19*

事項索引

あ 行

獏・優・褻 74
愛情論的体系 65
愛とコントロール 66
愛別離苦 138, 166
アガペ 73
悪人正機 156
アファーマティブ・アクション 21
アリストテレス的考え方 23
イスラームにおける愛 71
イスラームの社会福祉実践 72
一般混合労役場 20
意図的な感情の表出 121
意味への航路 147, 151
卑しい動機 27, 28
インテリジェントデザイン論 4
内なる差別 44, 123, 136
生まれか育ちか 21
永遠の沈黙 139
援助専門職（helping profession） 59
エンパワメント 109
大型類人猿の権利宣言 10

か 行

価値（Value） 57
価値概念の含まれた事実 59
価値観の悪用 79
価値自由 58, 64
渇愛（タンハー） 70, 98
神のペルソナ 75, 95
ガリレオ的考え方 23, 125
側の思想 44
間主観性 24
機会の平等 39

喜捨 72
　義務的—— 72, 99
　自発的—— 73, 98
基本的ニーズの不充足・不調整 170
客観的可能性 127
救世主（メサイア）コンプレックス 18, 77, 137
救貧院（poorhouse） 44
救貧法（poor law） 19
共感的理解 61
共感脳 13
共生への漸近線 65, 76, 157, 180
共通なニーズ 124, 125
キリスト教社会福祉の独自性 92
キリスト教における愛 73
求不得苦 138
クライエントの自己決定 123
傾聴愛 108
啓典の民 94
契約 120
『ケースワークの思想』 36
ケースワークの7原則 121
結果の平等 39
原理と原則 119
公私関係論 87, 100
構造・機能・価値 105
構造的暴力 116, 143
幸福追求権 38, 46
幸福論 112
　エピクロス派哲学の—— 112
　——の共通点 113
国際人権規約 47
国際人権規約・自由権規約第2条 49
互恵的利他行動 11, 26, 38

213

『国家論』 86
個別化 121
コヘレトの言葉 138

さ　行

差別の種類 41
差別の多重構造と展開 43
差別の本質 41
支援の概念 33
四苦八苦 138
自己愛 66
自己犠牲 185
自己決定 123
　　──の重要性 36
自己超越 147
資産調査（ミーンズテスト） 20
自然宗教 83
下からの公共性 87
実在的虚無感 142
実践（practice） 57
実践としての社会福祉 105
慈悲 70
社会科学としての社会福祉学 78
社会苦 141, 142
社会構築 22
社会幸福 23
社会進化論 3
社会生活上の基本的ニーズ 106
社会生活上の基本的要求（岡村重夫）85, 126
社会正義 45
社会的機能の強化 108
社会的知能仮説 13
社会脳 13
社会福祉実践 107
社会福祉士の業務 34
社会福祉的人間観 50, 164
社会福祉哲学の独自性 170
社会福祉哲学の枠組 171
社会福祉の目的 106
社会福祉利用者の自己実現 109
社会福祉利用者の自立 109

社会防衛 40, 49
社会保険 48
社会保障の「譲歩論」 40
社会保障法（米国，1935年） 38
社会連帯 39, 48
ジャネーの法則 144
宗教原理主義者　→ファンダメンタリスト
宗教多元主義 97
宗教的利他主義 28
『種の起源』（On the Origin of Species） 5
受容 122
准専門職（セミ・プロフェッション） 124
障害受容 142
召命（calling） 167
職業としての学問 169
職業倫理 123
試練からの脱出 150
人格 46
『神曲』 18, 137
神義論 93
人権思想 37
人生の意味 135
『人口論』 5
人道主義　→ヒューマニズム
信頼（ラポール） 128
ストレングス視点 109
性悪説 17
生活の質　→QOL
生活保護の原理・原則 120, 131
性善説 17
生存権の保障 106
制度としての社会福祉 105
生物学的決定論 13
生物進化学 26
生物進化論 3
生命尊重 35
世界人権宣言 46, 90
積極的平和 116
絶対的価値 120
絶対的利他主義 28
相互扶助 38
『相互扶助論』 9

事項索引

創唱宗教　*83*
創造価値　*149*
雑毒の善　*10, 67, 137, 154*
ソーシャル・インクルージョン　*107*
ソーシャルワーカーの使命感　*29*
ソーシャルワーカーの倫理綱領　*165*
ソーシャルワーカーに必要な要素　*55*
ソーシャルワークの三大要素　*56, 64*
ソーシャルワークの定義　*56*
存在有意観　*175*

た　行
第三のヒューマニズム　*51*
体験価値　*149*
対処能力　*108, 123*
態度価値　*149*
第二バチカン公会議　*96*
他者への痛覚　*60, 78, 169*
立ち尽くす実践　*157, 167, 184, 187–189*
立場による差別　*44*
タブラ・ラサ　*18*
魂なき専門家　*128*
惰民観　*19, 38*
ダンマパダ　→法句経
超意味　*154*
チンパンジーの利他的行動　*11*
天地創造説　*3*
伝統的二元論　*14*
同行二人　*76, 94*
統御された情緒関与　*122*
富の再分配　*48*

な　行
日本国憲法第13条　*45*
日本国憲法第14条　*49*
日本国憲法第89条　*90*
日本ソーシャルワーカー倫理綱領　*59*
ニューバーグ事件　*20*
『人間苦（吉田絃二郎）』　*137, 166*
人間行動の法則性　*127*
人間尊重　*35, 164*
人間としての豊かさ　*14, 55*

人間の苦悩　*135*
脳内物質　*14*
ノーマライゼーション　*106, 116*
望ましい貧困者　*88*
望ましくない貧困者　*88*

は　行
反進化論　*4*
非審判的態度　*122*
秘密保持　*124*
秘密保持義務　*131*
ヒューマニズム（人道主義）　*36, 46, 68, 114*
ファンダメンダリスト（宗教原理主義者）　*4*
ブーヘンヴァルト強制収容所　*151*
賦課方式　*49*
福祉社会　*107*
福祉の思想　*172*
仏教における五つの愛　*69*
平和学　*115*
弁護（advocacy）　*131*
包括的基本権　*38*
法句経（ダンマパダ）　*70, 98*
法の下の平等　*49*
ポストモダニズム　*22*

ま　行
マキャヴェリ的特徴　*22*
マグナ・カルタ（Magna Carta）　*37*
マルサス主義　*12*
ミーンズテスト　→資産調査
身内びいきの利他行動　*9, 26*
三つのH　*56*
三つの人権　*37*
無財の七施　*7*
無常迅速　*144*
無神論　*83, 155*
メサイアコンプレックス　→救世主コンプレックス

や・ら　行
唯物論　*14*
善きサマリア人　*74, 93*

215

喜びを運ぶ器　*140*
ラポール　→信頼
利己愛　*66*
『利己的な遺伝子』（The Selfish Gena）　*22, 24*
理性（reason）　*7*
利他愛（altruism）　*68*
利他主義（altruism）　*23*
隣人愛　*75*
倫理綱領　*124, 164, 171*
　　──の機能　*132, 165*

累進課税　*39, 48*
劣等処遇（Less eligibility）　*44*
労役場（workhouse）　*44*
労働能力者　*20*

欧　文

GHQ・PHW　*130*
MSPC　*177*
NASW（全米ソーシャルワーカー協会）　*48*
QOL（生活の質）　*106*
QWL（労働生活の質）　*79, 106*

〔著者紹介〕

秋山　智久（あきやま・ともひさ）
現　在　福祉哲学研究所所長（博士［社会福祉学］）。日本社会福祉学会名誉会員。
　　　　日本キリスト教社会福祉学会名誉会員。
略　歴　同志社大学大学院社会福祉学専攻修士課程修了。
　　　　明治学院大学社会学部・大学院教授。
　　　　大阪市立大学生活科学部・大学院教授。
　　　　メリーランド大学ソーシャルワーク大学院客員教授。
　　　　昭和女子大学人間社会学部・大学院教授。
　　　　日本社会福祉士会初代副会長。
主　著　『世界のソーシャルワーカー』（編著）筒井書房，2012年。
　　　　『社会福祉専門職の研究』ミネルヴァ書房，2007年。
　　　　『社会福祉実践論』（改訂版）ミネルヴァ書房，2005年。
　　　　『ソーシャルワークの哲学的基盤』（監訳）明石書店，2020年。

MINERVA 福祉ブックス③
社会福祉の思想入門
——なぜ「人」を助けるのか——

2016年 2月25日　初版第 1 刷発行　　　　　　〈検印省略〉
2024年 2月20日　初版第 4 刷発行

定価はカバーに
表示しています

著　　者　　秋　山　智　久
発 行 者　　杉　田　啓　三
印 刷 者　　江　戸　孝　典

発行所　株式会社　ミネルヴァ書房
607-8494　京都市山科区日ノ岡堤谷町 1
電話代表　(075)581-5191
振替口座　01020-0-8076

© 秋山智久, 2016　　　共同印刷工業・吉田三誠堂製本
ISBN978-4-623-07543-0
Printed in Japan

秋山智久著
社会福祉専門職の研究　　　　　　　　320頁／本体4000円

秋山智久著
社会福祉実践論［改訂版］　　　　　　416頁／本体4000円

秋山智久・平塚良子・横山穰著
人間福祉の哲学　　　　　　　　　　　208頁／本体2800円

———————— ミネルヴァ書房 ————————
https://www.minervashobo.co.jp/